Hella Krause-Zimmer
Herodes und der Stern von Bethlehem

Hella Krause-Zimmer

Herodes und der Stern von Bethlehem

Die Datierungsrätsel der Zeitenwende

Verlag Freies Geistesleben

ISBN 3-7725-1637-8
1. Auflage 1997
Verlag Freies Geistesleben
Landhausstraße 82, 70190 Stuttgart
© 1997 Verlag Freies Geistesleben & Urachhaus GmbH, Stuttgart
Umschlag: Walter Schneider (Motiv aus einem Psalterium
der Stiftsbibliothek Engelberg, 14. Jahrhundert)
Druck: Offizin Chr. Scheufele, Stuttgart

Inhalt

Vorwort 7
Die zwei Jesusknaben und das Problem der Geburtsdaten 9
Das Thema der zwei Jesusknaben in der bildenden Kunst 17
Umstrittenes Todesdatum des Herodes 33
Verborgenes Königsgeschlecht 41
Verfolgung des Täuferknaben 44
Hoffnung auf zwei Messiasgestalten 53
Die drei Verkündigungen 58
Der Stern von Bethlehem 61
Kepler – und wie er mißverstanden wird 67
Alte Weissagungen. Der geistige Aspekt des Sterns 74
Die Zarathustra-Wiedergeburt nach 600 Jahren 78
Die Seele als Stern – der Leib als Grotte 82
Erinnerung an vorgeburtliches Erleben 91
Sternbild der Jungfrau und Sternbild der Zwillinge 92
Der rhythmische Stern 95
Der eine Stern, vielfach gesehen 100
Das Jahr 1604 – Das Geheimnis des Mars 104
Die Rosenkreuzerströmung und der Beginn des 17. Jahrhunderts 113
Die Jungfrau am Himmel 117
Zum Abschluß 125

Anmerkungen 127
Literaturverzeichnis 134

Vorwort

In dieser Publikation soll nicht in astronomischem oder kalendarischem Sinne Fachwissenschaft betrieben werden, doch möchte sie ein Gegengewicht schaffen zu Behauptungen, welche die Medien Jahr um Jahr zur Winterzeit ihren Lesern und Hörern geradezu einhämmern: Christus sei viel früher geboren, als unser Kalender angibt, da Herodes bereits 4 v. Chr. gestorben sei und der Stern von Bethlehem 7 v. Chr. geleuchtet hätte.

Es soll sich zeigen, wie komplex das Thema ist und daß die beiden Daten nur *Annahmen* sein können, die sich aus der Interpretation von Fakten ergeben, die an sich und in ihrem Zusammenhang so unsicher und mehrdeutig sind, daß kein seriöser Wissenschaftler sie als feste Behauptungen vorweisen wird.

Jeder Leser, der auf diesem Felde Laie ist, steht hilflos und betroffen vor den immer wiederkehrenden angeblich wissenschaftlich gesicherten Aussagen. Er kann nicht prüfen, welche Untersuchungen zu den angebotenen Ergebnissen geführt haben, weil es sich hier um eine sehr spezielle Forschung handelt.

Dafür ein Bewußtsein zu erwecken ist die Motivation dieses Buches, damit wir uns in unserem inneren Miterleben besonders der weihnachtlichen Jahreszeit nicht irritieren und nicht fixieren lassen müssen.

Und außerdem werden die Fakten, mit denen die Wissenschaft arbeitet, zusammengesehen mit den Angaben Rudolf Steiners – vor allem auch zu dem Thema der zwei Jesusknaben –, und es wird hingewiesen auf Berechnungen, die mit diesen Angaben übereinstimmen. Sie bestätigen das Jahr 1 (Null) als das Jahr unserer Zeitenwende.*

Daß versucht wird, die Themen auch geisteswissenschaftlich zu vertiefen, soweit das in dieser Studie möglich ist, versteht sich von selbst.

---

* Unsere offizielle Zeitrechnung kennt kein Jahr Null, sondern geht vom Jahr eins *vor* gleich zum Jahr eins *nach* Christus über. Die Astronomie aber rechnet mit dem Jahr Null.

Die zwei Jesusknaben
und das Problem der Geburtsdaten

Wenn es auf den Dezember zugeht und die im Vorwort erwähnten Veröffentlichungen uns die von Kepler entdeckte Jupiter-Saturn-Konjunktion im Jahre 7 v. Chr. als Stern von Bethlehem anpreisen und den Tod des Herodes auf 4 v. Chr. datieren, dann senkt sich in unsere Seelen der Zweifel. Zweifel an der richtigen Festsetzung der Zeitenschwelle, die wir mit den Begriffen ‹vor und nach Christus› markieren, und Zweifel somit an der Datierung jenes Ereignisses, das wir mit Weihnachten feiern wollen – an der Jesusgeburt zu Bethlehem.

Nimmt man hinzu, daß nach Rudolf Steiner – man kann aber auch sagen: nach den Evangelien, die ja zwei ganz verschiedene Stammbäume überliefern – mit der Geburt von *zwei* Jesusknaben zu rechnen ist, so wird das geistig-historische Terrain der Zeitenwende vor unserem inneren Auge noch komplizierter.

Was Rudolf Steiner betrifft, so hat er das Jahr Null als Jahr der Zeitenwende mehrfach bestätigt, sowohl direkt als auch indirekt, indem er das Jahr 33 als die Zeit der Ostereignisse bezeichnet hat.[1] Das Jahr 4 oder gar 7 kann dann als Geburtsjahr nicht gelten.

Nun ließe sich ja fragen, ob in dem Gedanken an die zwei Jesusknaben nicht gerade die Lösung enthalten sein könnte, jedenfalls insoweit, als der Knabe des Matthäus-Evangeliums, zu dem die Magier durch einen Stern geführt wurden, der Früher-Geborene sein könnte. Es ist jedoch eine so große Differenz von vier oder gar sieben Jahren zwischen den beiden Geburten nicht denkbar.

Wohl ist nach Rudolf Steiner der Jesus aus der Linie des Salomo, und somit aus der Königslinie des Hauses David, älter als das Kind der Hirten, von dem Lukas spricht, aber aus zwei Gründen können wir höchstens eine Spanne von etwa einem Jahr annehmen.

Rudolf Steiner sagt in verschiedenen Vorträgen, die Knaben waren ungefähr – aber nicht genau – zu gleicher Zeit geboren. Der im Matthäus-Evangelium geschilderte Jesus ist älter gewesen. Als der lukanische Jesus zur Welt kam, ja, schon ein halbes Jahr vorher bei der Geburt Johannes des Täufers, war die Kindermord-Tragödie vorüber, weshalb von dieser Gefahr im Lukas-Evangelium nicht nur keine Rede ist, sie läßt sich im Ablauf der dortigen Ereignisse auch gar nicht unterbringen. Es müssen also viele Monate zwischen den beiden Geburten liegen. Aber müssen beide im Winter stattgefunden haben? Könnte man nicht sagen: Die Setzung der Geburt Johannes des Täufers in den Sommer ist aus der Bibel nicht ersichtlich. Es könnte sich der Rhythmus der drei Geburten auch so vollzogen haben, daß Johannes zum Beispiel im Winter geboren wurde; dann lägen die beiden Jesusgeburten in den Sommern davor und danach.

Daß dies «keinen Sinn» ergibt und unser Gefühl sich dagegen sträubt, ist nicht nur eine Sache der Gewohnheit. So lassen sich zum Beispiel aus Rudolf Steiners Jahreszeitenvorträgen Gesichtspunkte gewinnen, die uns darin bestärken wahrzunehmen, daß hierbei geistige Realitäten vorliegen.

Wenn wir die Erde als einen lebendigen Organismus verstehen, als ein in den Jahreszeitenrhythmen aus- und einatmendes Wesen, so ergibt die Betrachtung, daß sich die Erde im Sommer am stärksten den kosmischen Einwirkungen öffnet. Ihre Seele gewissermaßen fliegt der Sonne zu, alle Pflanzen strecken und recken sich nach Licht und Wärme aus, die von der Sonne herunterfließen. Das «Seelenhafte der Erde» ist dem kosmischen All hingegeben. Das findet seinen Höhepunkt zur Johannizeit. Die Erde hat jetzt voll ausgeatmet. Sie ist nicht «bei sich», sondern wird zu einem Spiegel des Kosmischen, das außer ihr ist. In ihrem inneren Kern ist sie dadurch undurchlässig für kosmische Kräfte. Dort ist es jetzt gewissermaßen dunkel, und dort setzen sich nun die Wesen fest, die mit dem kosmischen Lichtwesen nichts zu tun haben wollen, die sich davor zurückziehen. Diese sogenannten ahrimanischen Kräfte verschanzen sich im Innern der Erde, besetzen den freigewordenen Raum, verfestigen und verdunkeln, wie es ihre Art ist.

Dadurch ist die Erde während der Sommerausatmung ahrimanisiert. Rudolf Steiner sagt nun, und er sagt es überraschenderweise in der Form eines Ausrufes, was bei ihm sonst kaum je vorkommt: «Wehe, wenn in diese ahrimanisierte Erde die Geburt Jesu hineinfiele!»

Er sagt «die Geburt Jesu», während er sonst in diesen Vorträgen unter dem jahreszeitlichen Aspekt von immer sich wiederholenden Ereignissen und deshalb vom «Christus-Impuls» spricht, der eben jährlich auch mit der Sommeratmung sich verbindend sozusagen «hinausgeht» und mit dem Atemrhythmus der Erde im Winter zurückkehrt. Im Herbst muß die ahrimanisierte Erde durch die Michael-Kräfte erst gereinigt werden, ehe der Christus-Impuls in der durchseelten Erde neu wiedergeboren werden kann. «In der richtigen Weise feiert dann die Weihnachtszeit derjenige heute, welcher sich sagt: Michael hat die Erde gereinigt, damit zur Weihnachtszeit in der richtigen Weise die Geburt des Christus-Impulses stattfinden kann».

Den Weihnachtsmysterien entgegengesetzt ist die Johannizeit, die Zeit der Sommersonnenwende. «Da hat die Erde ganz und gar ausgeatmet. Da ist das Geistig-Seelische der Erde ganz hingegeben den überirdischen, den kosmischen Mächten. Da nimmt das Geistig-Seelische der Erde auf alles das, was außerirdisch ist» (Vortrag vom 31. März 1923; GA 223).

Blicken wir ergänzend zu einem sehr viel älteren Vortrag vom 25. Dezember 1907 zurück (GA 98). Dort heißt es: «In der Heiligen Schrift ist diese äußere Sonnenkraft, die nur Verkündigung ist der inneren, geistigen Kraft der Sonne, ausgedrückt im Johannes, dagegen die innere geistige Kraft in dem Christus. Und indem die physische Kraft der Sonne immer mehr herabsinkt, steigt die geistige Kraft und wird immer stärker und stärker, bis sie um Weihnachten am stärksten ist. Dies liegt den Worten im Johannes-Evangelium zugrunde: Ich muß sinken, Er aber muß steigen ... So wird uns dasjenige, was uns in jeder Weihnachtsnacht geboren wird, jedesmal aufs neue geboren.»

Hier geht es also immer um den «Christus-Impuls», aus dessen winterlicher Einwohnung auch die Kraft des neuen Sonnenbogens sich, geistig gesehen, immer wieder nährt. Aber wie schon erwähnt, mitten in diesen Ausführungen zu dem immer wiederkehrenden Jahreszeitengeschehen steht dieser Ausruf, der nicht vom Christus-Impuls handelt, sondern der direkt sagt: Wehe, wenn in die ahrimanisierte Erde der Sommerzeit die *Geburt Jesu* hineinfiele!

Wir können uns dies also weder für den von Matthäus beschriebenen noch für den lukanischen Jesus vorstellen. Es muß für beide der Winter ins Auge gefaßt werden, doch kann es nicht die gleiche Winterzeit sein, da die Geburten ja Monate auseinanderliegen und der lukanische Jesus vom Herodeszorn nicht mehr berührt wird.

Wir kommen damit zu folgender Jahresgestalt: Der erdenkräftige Zarathustra-Jesus inkarniert sich im Januar, ganz am Anfang des aufsteigenden Sonnenbogens, im beginnenden äußeren Erdentag. Der lukanische Jesus aber senkt sich im nachfolgenden Winter in die tiefe Mulde des Dezember, wo die äußere Sonne am kraftlosesten, aber die Durchgeistigung der Erde am stärksten ist. Im jährlichen Nacherleben umgrenzen so die beiden Geburten die tiefe Furt, das Jahresmysterium schlechthin, das zwischen dem 24. Dezember und dem 6. Januar liegt – die Zeit der heiligen Nächte.

Bei diesen Betrachtungen wurden wir auf den nötigen *Abstand* verwiesen; ein anderes Ereignis wird zum Anhaltspunkt für die *Begrenzung* dieses Abstandes.

Später, in zwölf Jahren nämlich, wird sich zutragen, was in der bildenden Kunst unzählige Male als «Der zwölfjährige Jesus im Tempel» oder als «Jesus unter den Schriftgelehrten» dargestellt worden ist. Beide Knaben sind nach Rudolf Steiner an dieser Szene beteiligt, ja, gerade im Übergang des weisheitsvollen Matthäus-Jesus in den lukanischen Jesus liegt die Lösung des großen Rätsels, das Lukas andeutet: die Verwandlung eines bis dahin gar nicht durch Weisheit auffallenden Kindes in jenen Zwölfjährigen, der nun die Priester und Schriftgelehrten in Staunen versetzt.

Betrachten wir einige Formulierungen Rudolf Steiners, die uns darauf aufmerksam machen, daß *beide* Knaben damals etwa zwölf Jahre alt waren:

«Diese beiden Jesusknaben lebten nebeneinander. Als sie beide zwölf Jahre alt waren, geschah folgendes. Da entschloß sich der Zarathustra in dem bethlehemitischen Jesusknaben, hinüberzugehen in seiner Individualität in den nazarenischen Jesusknaben» (Vortrag vom 14. November 1909; GA 117).

«Dann wissen wir ja weiter, daß der Körper des Matthäus-Jesusknaben von dem Zarathustra-Ich verlassen wurde und im zwölften Jahr des Lukas-Jesusknaben das Zarathustra-Ich Besitz vom Körper des Lukas-Jesusknaben nahm» (Vortrag vom 1. Januar 1913; GA 142).

«Und der eine Jesusknabe, von dem der andere die Begabung geerbt hatte, der hat nicht weiter gelebt, der ist gestorben mit zwölf Jahren, der ist bald danach gestorben. So blieb der eine übrig und hatte durch die Erschütterung, daß der andere zugrunde ging, in sich aufleuchten gehabt die Weisheit des anderen. Dadurch hat er eben vor den Gelehrten erst glänzen können ... Solche seelischen Einflüsse gibt es einfach. Der eine Knabe hat bis zu seinem zwölften Jahre die Weisheit nicht gehabt; der andere ist gestorben, und die Weisheit ist nun auf den einen Jesus übergegangen – teilweise durch die Erschütterung ... teilweise, daß sie freundschaftlich miteinander verkehrt haben ... Es sind eben zwei Jesusknaben geboren worden, nicht einer; im zwölften Jahr ist der eine gestorben, und der andere ist durch dieses erschütternde Ereignis plötzlich aufgewacht und hat die Weisheit des anderen gehabt» (Vortrag vom 21. April 1923; GA 349).

«Wir wissen, daß jene Individualität, die in den Leib desjenigen Jesusknaben verkörpert wurde, von dem das Matthäus-Evangelium berichtet, vorher Gewaltiges für sich erreicht hatte in früheren Erdenleben und daß diese Individualität mit zwölf Jahren ihren Leib verließ, um einen anderen Erdenleib bis zum dreißigsten Jahre einzunehmen und mit anderen Fähigkeiten in diesem anderen Leibe sich weiter zu entwickeln» (Vortrag vom 5. Juni 1911; GA 127).

Ausführlich das Thema der zwei Jesusknaben zu behandeln, würde den Charakter dieser Studie sprengen. Dafür kann auf die entsprechende Literatur verwiesen werden; nur auf Zarathustra, der in den eben angeführten Zitaten erwähnt ist, sei kurz eingegangen. In dem bei Matthäus geschilderten Jesusknaben, dessen Abstammungslinie über König Salomo geht, ist nach Rudolf Steiner eine Wiederverkörperung des Zarathustra zu sehen. Auch alte Überlieferungen deuten das an. Unter Zarathustra ist eine große Individualität zu verstehen, die in vielen Inkarnationen eine ganz besondere Reife und Höhe erreicht hat. Während der lukanische Knabe als eine Himmelsgabe betrachtet werden kann, erden-ungewohnt, weil noch durch keine Verkörperung gegangen, ein reines Gefäß ohne jene Fähigkeiten, die nur auf Erden erworben werden können, ist der salomonische Knabe das Gegenteil: erdenalt, voller Weisheit und irdischer Fähigkeiten. Zugleich aber hat er einen Weg voller Hingabe an das Göttliche und voller Opfergesinnung in die Menschheitsentwicklung eingezeichnet und bringt so – gewissermaßen von unten, von der Erde her – dem Ereignis der Zeitenwende die bisher höchstmöglichen Fähigkeiten in Opfergesinnung entgegen. Er ist der vollendete Ausdruck der Weisheit und der Tugenden, welche die drei Könige zu opfern bereit sind, wie ihre symbolischen Gaben es ausdrücken. Sie beten im salomonischen Jesus die ihnen prophezeite Wiederverkörperung ihres großen Lehrers Zarathustra an, der, wie es in einer alten Überlieferung heißt, dereinst mit dem Weltenkönig eins werden wird.

In seinem Vortragszyklus über das Matthäus-Evangelium führt Rudolf Steiner aus, daß dieser Jesus zwar den bestzubereiteten Leib erhalten hat, den das jüdische Volk überhaupt hergeben konnte, indem jener Stammbaum von David über Salomo sorgfältig durch die Zeiten geführt worden war, aber dieser hohen Individualität konnte er auch nur bis zu ihrem zwölften Lebensjahre dienen. Im Augenblick, da die Kindheit endete – was im Orient früher eintritt – und die volle Entwicklung aller seelisch-geistigen Fähigkeiten einsetzen sollte, war dieser aus der Vererbung zugereichte Leib kein Instrument mehr, eine solche Entfaltung möglich zu machen. Diese konnte sich nur in der außergewöhnlich reinen und bildsamen Leiblichkeit (womit alle Anlagen des physischen, ätherischen und astralischen Leibes gemeint sind) des lukanischen Jesus vollziehen.

«Die Zarathustra-Individualität entwickelte sich während der Knabenzeit im physischen Leibe und im Ätherleibe des Jesus des Matthäus-Evangeliums bis zum zwölften Jahre; denn bei dieser Individualität und vermöge des Klimas trat der Zeitpunkt, den wir für unsere Gegenden als den des vierzehnten, fünfzehnten Jahres bezeichnen, etwas früher ein. Da war bis zum zwölften Jahre alles erreicht, was in dem entsprechend zubereiteten physischen und Ätherleibe der salomonischen Linie erreicht werden konnte. Und da verließ in der Tat die Zarathustra-Individualität diesen physischen Leib und Ätherleib, von denen im Matthäus-Evangelium zunächst die Rede ist, und ging über in den Jesus des Lukas-Evangeliums ... So konnte Zarathustra in dem besonders zubereiteten astralischen Leibe und Ich des nathanischen Jesus vom zwölften Jahre ab die Weiterentwickelung fortführen» (Vortrag vom 6. September 1910; GA 123).

Noch mehrfach, so auch im Vortrag vom 12. September 1910, kommt Rudolf Steiner auf dieses Thema zu sprechen. Immer wieder ist die Rede davon, daß «die Zarathustra-Individualität den zwölfjährigen Matthäus-Jesus verläßt und hinüberdringt in den nathanischen Jesus des Lukas-Evangeliums», daß diese «größte Individualität, welche die Menschheit zum Empfange und zum Verständnis für den Christus vorbereitet hat», die Werkzeuge des physischen und ätherischen Leibes, wie die Vererbung sie hergeben konnte, nur «bis zum zwölften Jahre» benutzen konnte, «dann muß sie verlassen den Leib des Matthäus-Jesus und gleichsam hinübertreten in den Leib des Lukas-Jesus» (GA 123).

Durch diese Ausführungen wird eindeutig klar, daß und warum auch der salomonische Jesus nicht älter als etwa zwölf Jahre gewesen sein kann, als sich die Szene im Tempel vollzog. Seine Geburt kann demnach weder 7 noch 4 v. Chr. stattgefunden haben.

Die Individualität des Zarathustra-Jesus wirkte dann bis zum dreißigsten Lebensjahr in der reinen, von Himmelsliebe erfüllten Leiblichkeit des lukanischen Jesus und verband sie mit all den hohen Fähigkeiten, die sie selbst sich erarbeitet hatte, um bei der Jordantaufe dieses einmalige Leibesgefäß, in dem sich Liebe mit Weisheit und Reinheit mit Erfahrung verbunden hatten, dem Christus als Erdeninstrument zu übergeben.

Auf Seite 12/13 wurde ein Zitat aus dem Vortrag vom 21. April 1923 angeführt. Die schlichte und direkte Art der Redeweise unterscheidet sich von den anderen Vorträgen Rudolf Steiners. Es handelt sich dabei um eine Reihe von Ausführungen, die während der Errichtung der Goetheanum-Bauten teils als Vorträge, teils als Fragenbeantwortungen für die Arbeiter am Bau gehalten wurden. Darin wurde erwähnt, daß der lukanische Knabe die Weisheit von dem anderen «geerbt» hat. Es wird aber auch gesagt, daß ihre vorhergehende Freundschaft eine Voraussetzung oder ein Teil des Vorganges war. Daß etwas dergleichen möglich und gar nicht so außergewöhnlich ist, sucht Rudolf Steiner den Arbeitern an einem modernen Beispiel klarzumachen. Er erzählt von einem Fall – «aber es gibt viele solche Fälle» –, wo ein kleines Mädchen unter anderen Geschwistern aufwächst. Die anderen Geschwister lernen sprechen, wie es normal ist, das Mädchen zunächst nicht. Dann aber bildet es sich eine besondere, eine eigene Sprache, die niemand sonst versteht. Als ein Brüderchen nachgeboren wird, bringt es ihm diese Sprache bei, und die beiden unterhalten sich in ihrer ganz besonderen Sprache. In diesem Falle verliert sich das in späteren Jahren, aber das Beispiel kann eine Verständnisbrücke bilden, sich vorzustellen, wie im innigen freundschaftlichen Umgang der beiden Jesusknaben Geheimnisse vom einen zum anderen gegangen sind. «Warum sollte denn nicht der eine Jesusknabe, der mit zwölf Jahren gestorben ist, etwas gewußt haben, was überhaupt kein Mensch verstanden hat!» (GA 349).

So mag man sich vorstellen, wie in der Kindheit dieser beiden Knaben, die gemeinsam in Nazareth aufwuchsen, vom Wesen und vom Wissen des einen viel in den anderen überging und daß sie Gespräche führten, bei welchen die erwachsene Umgebung gar nicht verstanden hätte, welche Weltgeheimnisse da verhandelt wurden.

Als sich dann bei der Tempelszene zeigt, daß der souveräne Knabe dahinwelkt, nimmt es der lukanische Jesus mit Schrecken wahr, und im Schock der Erschütterung wird er wach für alles, erinnert sich an alles, was er schon empfangen hat. Rudolf Steiner spricht hier vom «plötzlichen Aufwachen», vom «Erben» von «seelischen Einflüssen», vom

«Übergang einer ungeheuren Begabung», er geht jedoch nicht auf den Übergang der Individualität selber ein, das wäre hier und für den Anfang für seine Zuhörer wohl zu schwierig geworden. Dadurch aber sind diese Ausführungen eine so wertvolle Ergänzung zu allen anderen Vortragsstellen, die uns heute vorliegen.

Rückblickend auf alles, was er über die beiden Knaben und deren Einswerden bereits gesagt hat, formuliert Rudolf Steiner dann am 7. Mai 1923 bei einer Fragenbeantwortung einen Satz, der beginnt: «Aber diejenige Wesenheit, von der ich ihnen auch das letzte Mal einiges gesprochen habe, die eben im Jahre 0 geboren ist und dreiunddreißig Jahre gelebt hat ...» (GA 349).[2]

Hier wird mit Deutlichkeit festgehalten, daß der lukanische Jesus, der mit zwölf Jahren den Zarathustra-Jesus in sich aufnahm, im Jahre Null geboren worden ist. Das Datum werden wir nachher noch genauer betrachten. Zunächst werfen wir einen Blick in die bildende Kunst. Wir können dort Bilder entdecken, die sich wie eine wunderbare Illustration zum Besprochenen ausnehmen.

Das Thema der zwei Jesusknaben in der bildenden Kunst

Da gibt es zum Beispiel in Perugia in der Petrus-Basilika eine heute in der Sakristei hängende Tafel, die Raffael zugeschrieben wird (Abb. 1). Sie zeigt zwei nackte Knäblein, die gemeinsam auf einer Bank sitzen. Der rechte Knabe ist ein wenig älter. Seine Füße reichen schon auf den Boden. Mit einer behutsamen schützenden und zugleich belehrenden Geste legt er seinen Arm um die Schulter des anderen Kindes, das mit ernstem geneigtem Gesichtchen auf seinen Freund zu hören scheint. Sie blicken sich nicht an, beide haben die Augen niedergeschlagen, wie man tut, wenn man sich auf ein geistiges Thema konzentriert und der Umwelt nicht achtet. Wie auf einen unsichtbaren Mittelpunkt, auf den der Ältere den Jüngeren aufmerksam macht, sind ihre Blicke gerichtet. Ihre blühende, weiche Körperlichkeit, die gleichwohl sehr unterschiedlich ist und eine verschiedenartige innere Haltung ausdrückt, stammt wahrlich aus dem Pinsel eines Meisters, wie es nur Raffael sein kann.

Das fällt einem besonders auf, wenn man es mit einem Kinderpärchen vergleicht, das Perugino auf seinem großen Gemälde der heiligen Sippe (Museum Marseille) auf eine Treppe unterhalb des Marienthrones setzt (Abb. 2). In der Gestik gleicht es dem Perugia-Bild fast wie ein Ei dem anderen, und doch – trotz der großen Meisterschaft auch Peruginos –, wie hölzern wirken die Knaben, wie ganz von außen gesehen im Vergleich zu Raffaels Knabenpärchen! Raffael malt, als wüßte er, wovon die Knaben sich unterreden, als verstünde er ihr Geheimnis. Man denkt an Rudolf Steiners Satz: «Warum sollte denn nicht der eine Jesusknabe etwas gewußt haben, was überhaupt kein Mensch verstanden hat», was er aber in die Seele seines Freundes versenken kann.

Auf der St. Annen-Tafel des Perugino sieht man außer Maria mit dem Kind und ihrer Mutter Anna auch deren andere zwei Töchter mit ihren Familien (nach den Apokryphen). Alle haben Hauptes-Auren mit eingeschriebenen Namen. Bei dem Zweiknaben-Pärchen ist der Jüngere mit «Sanctus Simon» bezeichnet, und die schwer leserliche Aura des anderen endet auf «eus», das heißt, es ist sein Bruder Judas Thaddeus.

Bei dem Raffael zugeschriebenen Pärchen dagegen schwebt über dem jüngeren Knaben eine rote Kreuzaura und bezeichnet ihn als Jesus, in

1. Raffael(?), Zwei Knaben (S. Pietro, Perugia)

2. Perugino, Die heilige Sippe (Musée des Beaux Arts, Marseille)

die Armbeuge des Älteren ist ein dünnes Stäbchen hineingemalt, das oben in einem kleinen Schriftband mit den Worten «Agnus Dei» endet, es soll ihn also als Täuferknaben bezeichnen. Es ist aber anzunehmen, daß diese Attribute später hinzugemalt wurden, denn der Täuferknabe wurde stets auch durch ein kleines Fell gekennzeichnet, das um seine Hüften oder seine Schulter geschlungen ist, in Andeutung des «härenen Gewandes», das er in der Wüste trug. Davon ist hier keine Spur. Auch hat dieser angebliche Täuferknabe nicht die sonst übliche Haltung der Verehrung oder gar Anbetung, ist auch nicht im Begriff, dem Jesus ein kleines Geschenk zu bringen, ist vielmehr der Souveränere, dem kleinen Freund an Reife überlegen.

Es ist möglich, daß diese Tafel aus einem größeren Bilde herausgeschnitten wurde, darüber weiß man nichts. Auf jeden Fall hat Raffael aus den zwei Knaben etwas ganz anderes gemacht als Perugino, und wir können dankbar sein, daß dieses zauberhafte Bildchen uns noch erhalten ist.

Daß wir bei Raffael ein Wissen um das Geheimnis der zwei Jesusknaben vermuten können, wird unter anderem gestützt durch das bekannte Rundbild in Berlin «Madonna del Duca di Terranuova» (Abb. 3), auf dem ein ähnlicher, etwas älterer Knabe, gleichfalls von einer orangenen Gewandandeutung umschlungen, rechts neben der Madonna steht. Er ist mit einer Aura bezeichnet wie alle anderen Personen, kann aber der Täufer nicht sein, da dieser gesondert links steht: im Fellgewand und mit Kreuzstab und Spruchband verehrungsvoll aufblickend zum Jesusknaben. Der «orangene» Knabe hingegen hat einen ganz anderen Blick und eine ganz andere Geste. Daß hier eine Wissensquelle fließt, von der nicht nur Raffael gekostet hat, legt ein ähnliches italienisches Dreiknaben-Bild nahe, das sich heute im Kunstmuseum von São Paulo befindet. Es ist ebenfalls ein Rundbild und wird dem Umkreis von Pier Francesco Fiorentino zugeschrieben (Abb. 4). Der Täuferknabe steht hier rechts, der andere Knabe links.

Können wir uns besonders beim Anblick des Zweiknaben-Bildchens von Raffael in die innige Freundschaft hineinnahmen, die als weltgeschichtliche Notwendigkeit den Niederstieg des Christus vorbereitete, so gibt es andererseits eine ganze Anzahl von Werken, die auf das Geheimnis der zwei Jesusknaben bei der Tempelszene hinweisen. Bilder also, auf denen *zwei* Knaben bei dieser Szene dargestellt sind, der eine thronend und der andere entweder inspirierend oder auch weggehend, verblassend und umsinkend.

3. Raffael, Madonna del Duca di Terranuova (Berlin-Dahlem)

4. Pseudo Pier Francesco Fiorentino, Madonna mit Jesuskind zwischen dem kindlichen Johannes dem Täufer und einem zweiten Knaben (Museo de Arte, São Paulo)

5. Taufstein in Vänge/Gotland

Es kann sich hier nicht um eine ausführliche Sammlung oder Besprechung dieses reichen Bildmaterials handeln, es sollen nur einige Beispiele herausgegriffen werden. Was uns im Anschluß an den zitierten Arbeitervortrag Rudolf Steiners noch besonders interessieren kann, ist, ob sich Spuren jener Erschütterung finden, die den thronenden Jesus ergreift, als er der Hinfälligkeit und Todesnähe seines Freundes gewahr wird.

In geradezu drastischer Weise zeigt ein Taufstein in Gotland, wie der mittlere Jesus sich, ein Zepter ergreifend, ausweitet zum souveränen Thronenden (zum Erstaunen des links sitzenden Priesters), während rechts, mit großer Handgeste wie Abschied nehmend zur Mitte gewendet, ein umsinkender Knabe von einer Frau aufgefangen wird (Abb. 5).

Und unvergeßlich kann einem der Blick sein, mit dem der mittlere, erhöhte Knabe auf dem bekannten Borgognone-Bild von Mailand dem weggehenden Gefährten nachsieht (Abb. 6). Schmal und zart, mit einer wehen, sinkenden Armgeste verläßt er den Schauplatz, den der andere nun ganz beherrscht. Eine schmächtige Leiblichkeit, die ihre Kräfte

6. Borgognone, *Der zwölfjährige Jesus im Tempel*
(*Museum in S. Ambrogio, Mailand*)

abgegeben hat, ihre «Begabung vererbt» hat, so bietet sich dieser zweite Knabe dar, der nicht nur vom Blick des anderen begleitet wird, sondern auch von den ratlosen, erstaunten Gesten der Priester. Was spielt sich denn hier eigentlich ab?, muß sich der Betrachter des Bildes fragen.

Während auf den Bildern von Spanzotti in Turin und Ferrari in Stuttgart (Abb. 7) das Hochwachsen des einen Knaben und das Hinschwinden des anderen dadurch ausgedrückt wird, daß der mittlere Jesus in einer unverhältnismäßig verlängten Leiblichkeit alle überragend auf dem Thron sitzt, während der andere sich an seinen Arm schmiegt und zu ihm aufblickt – gewissermaßen ganz klein geworden – und seine Körperlichkeit gar nicht vorhanden ist, sondern nur das tragisch-traurige oder hingebungsvolle Antlitz noch im Bilde sichtbar wird, hat Spanzotti in Ivrea die Szene sehr viel geheimnisvoller gemalt (Abb. 8).

Dort ist man tief berührt von dem schmerzlichen Ernst, von den geradezu tränenschweren Antlitzen des mittleren Jesus und der im Vordergrund stehenden Maria, deren Geste ganz unverständlich scheint. Es ist, als wolle sie jemanden umfangen, der nicht mehr da ist. Ihre Augen gleiten ins Innere des Bildes, abwärts gerichtet auf den leeren Platz, der hier so auffallend die Bildmitte beherrscht. Indes vollzieht sich unauffällig, oben am rechten Bildrand, der Weggang eines zweiten Knaben. Der Maler zeigt ihn in vollem en face, mit zurückgewendetem Kopf. Sein Blick gleitet zurück ins Zentrum des Bildes, dorthin, wo Marias Augen auf die leere Mitte schauen. Und schmerzerfüllt lehnt der thronende Knabe an dem ihn im Rücken stützenden Pfeiler.

Vergleicht man mit anderen Bildern, so merkt man, wie ungewöhnlich dieser helle leere Platz im Vordergrund und der weit zurückgesetzte Jesus ist. Schaut man aber den Borgognone und den Spanzotti zusammen, so bemerkt man sowohl in der Anordnung wie in der Stimmung eine Verwandtschaft. Beide Maler scheinen das gleiche zu wissen, es aber ganz individuell auszudrücken. Bei Borgognone eine traurige Maria, vor deren ausgebreiteter Geste der schmale abgewendete Knabe steht, bei Spanzotti ihre geschlossene Geste. Aber der, den sie umfangen will, entschwindet im Hintergrunde.

Es muß auch des Bildes von Milos gedacht werden, wo hinter dem lichten, goldgelb gewandeten mittleren der zweite Knabe steht: in grünem Gewande mit einem tragisch abwärts gewendeten Blick und mit gesenkten Armen, die aber gar nicht sichtbar sind (Abb. 9). Bei diesem Knaben stehen drei Priester, die eher wie die drei Weisen aus dem

7. Defendente Ferrari, Der zwölfjährige Jesus im Tempel (Staatsgalerie, Stuttgart)

8. Martino Spanzotti, Der zwölfjährige Jesus im Tempel (S. Bernardino, Ivrea)

9. Der zwölfjährige Jesus im Tempel, Ikone (Milos)

Morgenlande wirken, jene Weisen, deren Zarathustra-Knabe jetzt übergeht in den anderen Jesus. Will das der Fingerzeig des vorderen Priesters besagen? Auf diesem Bild sind auch zwei Elternpaare zu sehen; doch hierüber kann jetzt nicht gesprochen werden.

In diesem Zusammenhang erstaunt auch ein farbiges Glasfenster im Münster von Thann im Elsaß (Abb. 10). Mit welchem Ausdruck von Kummer und Sorge führen dort die Eltern ihren Jesusknaben nach Hause! Er scheint sich kaum allein aufrecht halten zu können. Sein großer, melancholischer Blick gleitet zum Himmel. Weder der Bibeltext noch das vorherige Bild der Zwölfjährigen-Szene können dafür Aufklärung geben.

Auf ganz besondere Weise berühren aber kann ein Bild von Meisterhand, das nur als Fragment erhalten ist. Publiziert war es mir noch nirgendwo begegnet, als ich ihm höchst überrascht im Lazaro Goldeano-Museum, einem ursprünglich privaten Museum in Madrid, plötzlich gegenüberstand. In keinem Lionardo-Band kann man es finden, dieses mit «El Salvador» bezeichnete Antlitz; ein Bild, unter dem hier im Museum der Name Lionardo da Vincis steht (Abb. 11).

Aber das ist kein segnender Heiland; das ist zweifellos ein Ausschnitt aus einem größeren Bild. Dieses Antlitz ist nicht ruhig als Motiv in sich, sondern in ihm spiegelt sich ein Vorgang, den dieser schöne Knabe mit seinem in die Augenwinkel gleitenden Blick wahrnimmt. Schmerz und Betroffenheit haben ihm den Mund geöffnet. Man sieht die Zahnreihen schimmern, zwischen denen das tiefe Schwarz den klagend-erschreckten Ausdruck noch verstärkt. Was er erblickt, ruft in seinem Antlitz diese Reaktion hervor. Das kann nur ein zwölfjähriger Jesus im Tempel sein. Hat es solch ein Bild von Lionardo also doch gegeben – wie es vage überliefert ist –, das aber als verschollen gilt!

In unglaublicher Meisterschaft ist das ganze Drama der Szene in dieser Büste zusammengefaßt. In der unteren Partie des Antlitzes, in den leicht geröteten Wangen pulst überraschte Jugendlich-, nein, eigentlich Kindlichkeit. Ganz «unbeherrscht» öffnen sich die weichen, blaßroten Lippen.

Dagegen in der oberen Partie diese Augen, die auf Schmerzliches mit dem Wissen der Unabwendbarkeit blicken. Die Haare, wie ein Vorhang zurückgezogen, geben diademartig die lichte Stirn frei über Augenbrauen, deren Empfindsamkeit viel beherrschter ist als der geöffnete Mund. In die Kindlichkeit dieses Knaben tritt die Weisheit des anderen ein,

10. Rückkehr aus dem Tempel (Glasfenster in Thann/Elsaß)

11. Lionardo da Vinci, El Salvador (Lazaro Goldeano-Museum, Madrid)

leuchtet in ihm auf und beginnt ihn mit der hohen Individualkraft des salomonischen Jesus zu durchdringen.

Wer von dem Vorgang der Zwölfjährigen-Szene nichts ahnt, wird das Geheimnis dieses Bildes nicht begreifen. Die angedeutete Doppelheit, die sich in diesem Knaben nun vereinigt, setzt sich bis in das Gewand fort: über das schlichte hemdartige Kleid ist ein kostbarer Mantel gelegt, bei dem im aufgeschlagenen Grün der Innenseite das Licht wie Gold spiegelt.*

---

* Alle Themen und Bilder dieses Kapitels sind näher besprochen in Hella Krause-Zimmer, *Die zwei Jesusknaben in der bildenden Kunst* (zum Teil nur in der 2. oder 3. Auflage). Siehe Literaturverzeichnis.

Umstrittenes Todesdatum des Herodes

Wenn die beiden Jesusknaben, was ihr Alter betrifft, um eine beträchtliche Spanne auseinander waren, doch bei der Szene im Tempel beide als Zwölfjährige gelten konnten, so müssen sie so etwas wie «ein Jahrgang» gewesen sein. Nach Jahrgängen wird ja auch heute überall gerechnet: beim Schulanfang, beim Einziehen wehrfähiger Männer usw. werden die betreffenden Jahrgänge aufgerufen. Dabei wird eine Spanne von Januar bis Dezember umfaßt; entsprechend weit auseinander können die Geburtsdaten liegen. Wenn es im jüdischen Lande üblich war, im Frühjahr zum Passahfest den Jahrgang der Zwölfjährigen erstmals im Tempel vorzustellen, so kann auch hier eine solche Spanne gegolten haben. Aber die Jahre 4 v. Chr. oder gar 7 v. Chr. rücken aus dem Felde der Möglichkeiten.

Nun haben sich auch in den Kreisen, die den Angaben Rudolf Steiners Beachtung schenken, astronomisch geschulte Persönlichkeiten mit diesem Problem befaßt. Dabei schält sich immer schärfer heraus, wie komplex die Frage der Daten ist. Kalenderrechnungen der Vergangenheit sind eine Wissenschaft für sich. Über die Kompliziertheit und Unsicherheit alter Datierungen macht sich der Laie keine Vorstellung. Da es verschiedene Kalenderarten gab, weiß man nur in seltenen Fällen, welche davon bei alten Überlieferungen zugrunde liegt. So ist das Jahr 4 v. Chr. als Datierung für den Herodestod nur eine von verschiedenen, zumindest von zwei Möglichkeiten. Andere Untersuchungen und Überlegungen müssen dann helfen, das Richtige herauszufinden.

Im Jahre 1972 erschien in England (und 1978 dann auf deutsch) eine aufschlußreiche Publikation von Ormond Edwards. Hier liegt eine wissenschaftliche Berechnung vor, die mit Rudolf Steiners Angaben im Einklang ist.

Wir wollen das Wesentliche kurz umreißen. Auch Edwards muß sich vor allem mit der Hauptquelle der historischen Überlieferung auseinandersetzen: mit dem jüdischen Historiker Flavius Josephus.

Er wurde im Jahre 37 – also kurz nach dem Tode Christi – in Jerusalem geboren. Von vornehmer jüdischer Abstammung, sah er sich, heranwachsend, in den verschiedenen jüdischen Religionsströmungen um:

sowohl bei den Sadduzäern als bei den Pharisäern und auch bei den Essäern. Er entschied sich für die Pharisäer und wurde dort Priester.

Mit sechsundzwanzig Jahren reiste er nach Rom und fand Zugang zu den höchsten Kreisen. Zurückgekehrt, wurde er von jüdischer Seite zum Statthalter von Galiläa ernannt. Als Feldherr kämpfte er gegen die Römer, wurde aber beim Fall der Festung Jotapata gefangengenommen. Seinem Besieger Vespasian prophezeite er den Cäsarenthron und wurde daraufhin am Leben gelassen. Als Sklave kam er so wiederum nach Rom.

Die Überlieferung legt es ihm als schlaue Berechnung aus, daß er, einen Propheten spielend, sich so gerettet habe, aber das Schicksal bestätigte ihn: Vespasian aus der Familie der Flavier wurde zwei Jahre später römischer Kaiser. Daraufhin ließ er Josephus, den Juden, mit Geschenken und Ehren bedacht, frei, und Josephus nahm den Namen Flavius an, den Familiennamen dessen, dem er Leben und Freiheit verdankte. Vespasians Sohn, den römischen Feldherrn (und späteren Kaiser) Titus, begleitete er dann zur Belagerung von Jerusalem und erlebte den Fall seiner Heimatstadt auf römischer Seite mit. Er soll viele Vermittlungsversuche gemacht haben, sie waren aber vergeblich, denn von den Juden wurde er begreiflicherweise als Verräter betrachtet.

Als reicher Privatmann lebte er von da ab seinen Studien. Sein berühmtestes Werk sind die zwanzig Bände umfassenden *Jüdischen Altertümer,* eine einzigartige Quelle für den Historiker, wenn auch durchaus nicht ganz zuverlässig.

Was die christliche Forschung am meisten interessieren muß, sind Vergleiche mit den spärlichen historischen Angaben in den Evangelien und die Frage, ob eine Spur vom Auftreten Christi bei Josephus zu finden ist.

Tatsächlich gibt es im 3. Kapitel des 18. Buches eine Stelle, die lautet folgendermaßen:

«Um diese Zeit lebte Jesus, ein weiser Mensch, wenn man ihn überhaupt einen Menschen nennen darf. Er war nämlich der Vollbringer ganz unglaublicher Taten und der Lehrer aller Menschen, die mit Freuden die Wahrheit aufnahmen. So zog er viele Juden und auch viele Heiden an sich. Er war der Christus (der Gesalbte, der Messias). Und obgleich ihn Pilatus auf Betreiben der Vornehmsten unseres Volkes zum Kreuzestod verurteilte, wurden doch seine früheren Anhänger ihm nicht untreu. Denn er erschien ihnen am dritten Tage wieder lebend, wie gottgesandte Propheten dies und tausend andere wunderbare Dinge von ihm vorherverkündigt hatten. Und noch bis auf den heutigen Tag besteht das Volk der Christen, die sich nach ihm nennen, fort.»

Danach geht es in seinem Text weiter: «Gleichfalls um diese Zeit traf auch noch ein anderes Unglück die Juden, und zu Rom geschahen im Isistempel schändliche Dinge ...» (Das «andere Unglück» bezieht sich auf eine Vertreibung der Juden aus Rom.) Das heißt, der jüdische Geschichtsschreiber hält sich beim Auftreten des Messias nicht lange auf und scheint es nicht sonderlich zu gewichten. Das kann gute Gründe haben, wenn man seine schwierige Stellung zwischen Römern und Juden – er hatte Ländereien in Judäa geschenkt bekommen und schrieb vielleicht dort – und die Gefahren und Mißachtungen bedenkt, welche den Christen damals drohten. Und klug und auf seine Sicherheit bedacht war Josephus immer gewesen. Trotzdem wären seine Sätze kühn und könnten ihn fast als geheimen Christen ausweisen – eben deshalb wird die Echtheit dieser Stelle auch bezweifelt.

Das heißt, die Erwähnung Christi als solche kann nicht gut in Frage gestellt werden, weil Josephus im 9. Kapitel seines 20. Buches die Gerichtsverhandlung gegen Jakobus erwähnt und ihn bezeichnet als «den Bruder des Jesus, der Christus genannt wird», die Existenz dieses Christus also Josephus durchaus bekannt gewesen sein muß. Man befürchtet aber, die erstgenannte Stelle sei christlich überarbeitet worden und habe bei Josephus knapper gelautet. Es müßte diese Überarbeitung recht bald geschehen sein, denn bereits Eusebius (ca. 260 bis ca. 340) bringt den vollen eben zitierten Text.[3]

Was uns jedoch hier interessiert, sind des Josephus Angaben über die jüdischen Könige, vor allem über Herodes den Großen und sein Todesdatum.

Wir erfahren im 6. Kapitel des 17. Buches, daß der König in eine schwere Krankheit fiel und sein Testament machte. Er war fast siebzig Jahre alt, voller Mißtrauen und Verbitterung gegen Volk und Verwandte. Zu diesem Zeitpunkt entstand ein Aufruhr im Volk, der sich entwickelt hatte, als man von des Herodes unheilbarer Krankheit hörte.

Zwei geachtete Gesetzeslehrer, Judas und Matthias, die besonders unter der Jugend viel galten, riefen zu einem heiligen Kampfe auf, erbost über den König, der die Gesetze der Juden mehrfach übertrat. So hatte er über dem größten Tor des Tempels einen gewaltigen goldenen Adler anbringen lassen. Den Juden aber war von Jahwe verboten, Bildwerke von lebendigen Wesen herzustellen, ja, an sie auch nur zu denken. Der

Adler müsse entfernt werden, auch wenn manche dafür sterben müßten, lautete die Devise von Judas und Matthias. Als sich nun das Gerücht verbreitete, Herodes sei gestorben, zog eine Anzahl von Leuten zum Tempel und riß am hellichten Tage vor den Augen von vielem Volk den Adler herunter und zerschlug ihn. Der Statthalter des Königs rückte daraufhin mit Soldaten aus und nahm vierzig junge Leute sowie Judas und Matthias als Anstifter und Hauptakteure gefangen. Vor Herodes gestanden sie ihre Tat mit Stolz und bekannten sich als «Eiferer für Gottes Sache», bereit, dafür ihr Leben zu lassen.

Herodes ließ sie gefesselt nach Jericho bringen und berief gleichzeitig die Vornehmsten der Juden dorthin. Er versammelte sie im Theater, und – vom Krankenbett aus – rief er ihnen ins Gedächtnis, was alles er für die Juden geleistet, gelitten und getan habe, unter anderem, wie er den Tempel reich mit Weihegeschenken geschmückt habe. Anstatt ihm großen Nachruhm zu geben, beleidige man ihn jetzt schon bei Lebzeiten, ja, die Zerstörung des Adlers sei sogar eine Tempelschändung.

Die versammelten Juden fürchteten die Grausamkeit und den Jähzorn des Königs und stimmten für eine strenge Bestrafung der Täter. Trotzdem, so meint Josephus, verfuhr Herodes «ziemlich gelinde»; er ließ nur den Hauptanstifter Matthias mit einigen Genossen lebendig verbrennen.

Diesem Satz folgt die historisch so wichtige Bemerkung: «*In derselben Nacht fand eine Mondfinsternis statt.*»

Herodes wurde zunehmend von gräßlichen Schmerzen und Übeln geplagt – die Josephus genau beschreibt – und suchte Linderung in den warmen Quellen von Kallirrhoe, kehrte aber ungeheilt nach Jericho zurück. In seiner maßlosen Wut und Verbitterung gedachte er seinen offensichtlich unvermeidbaren Tod mit einer besonderen Schandtat zu begleiten. Er befahl bei Todesstrafe den Vornehmen des jüdischen Volkes, sich bei ihm einzufinden. «Es war das aber eine gewaltige Menge, weil sie aus dem gesamten Volke zusammenkamen.» Diese große Menge ließ er in der Rennbahn einschließen. Dann berief er seine Schwester Salome und deren Gatten, und «unter Jammergestöhn beschwor er sie bei ihrer verwandtschaftlichen Liebe und bei ihrem Glauben an Gott», ihm bei seinem Tode eine große Ehrung zuteil werden zu lassen, eine «würdige Totenklage», indem sie sämtliche eingeschlossenen Juden bei seinem Tode erschießen ließen.

Da er vermutete, daß die Juden über seinen Tod nur Freude empfinden würden, wollte er eine ungeheure Klage im Volke entfachen, «indem er aus jeder Familie ein Mitglied dem Tode geweiht wissen wollte, ohne daß die von der Anordnung Betroffenen ihn beleidigt oder auch nur den Schatten einer Übeltat auf sich genommen hatten».

Als ihn seine Qualen unerträglich dünkten, wollte Herodes sich mit einem Messer erstechen oder erweckte jedenfalls den Anschein. Er wurde daran gehindert, aber es entstand ein großes Geschrei im Palast, als sei er gestorben. Sein Nachfolger Antipater, von Herodes gefangengesetzt, wähnte sich gerettet und verhandelte mit dem Kerkermeister über seine Freiheit und machte ihm Versprechungen. Der ließ sich darauf nicht ein und meldete es dem König. Herodes verfügte Antipaters Hinrichtung und änderte sein Testament. Nun setzte er Archelaos zum Thronfolger und Antipas zum Tetrarchen von Galiläa und Peraea ein und erließ weitere Bestimmungen, seine Verwandtschaft betreffend.

«Hierauf starb er, fünf Tage nach Antipaters Hinrichtung, vierunddreißig Jahre nach der Ermordung des Antigonus und siebenunddreißig Jahre nach seiner Ernennung zum Könige durch die Römer. Er war ein Mann, der gegen alle ohne Unterschied mit gleicher Grausamkeit wütete, im Zorn kein Maß kannte und sich über Recht und Gerechtigkeit erhaben dünkte, dabei aber die Gunst des Glückes wie kein anderer erfuhr. Denn aus niedrigem Stande zur Königswürde erhoben und von zahllosen Gefahren bedroht, entging er allem äußeren Unheil und starb erst in vorgerücktem Alter.»

Salome führte seinen Befehl, die Juden in der Rennbahn zu töten, nicht aus, sondern entließ sie nach Hause.

Daß des Herodes Todesdatum bereits 4 v. Chr. liege, wie es von vielen, aber durchaus nicht von allen Fachleuten angenommen wird, beruht nicht auf einer festen Angabe, die man bei Josephus oder sonst irgendwo finden könnte, sondern ist das Ergebnis von Berechnungen, die sich vor allem darauf stützen, daß Josephus 34 Regierungsjahre des Herodes angibt.[4] Wie diese Jahre aber zu zählen sind, ist die große Frage. Auf das Todesdatum 4 v. Chr. kommt man nur, wenn man die sogenannte «alles einschließende Methode» anwendet; dabei werden das erste und das letzte Regierungsjahr eines Königs als volle Jahre gezählt, auch wenn sie nur ein paar Tage oder Wochen umfassen.

Ormond Edwards hat bei Josephus an anderen Stellen auftretende Berechnungen von Regierungsjahren nachgeprüft und findet dort, daß Josephus nicht nach der einschließenden Methode gerechnet haben kann. Es ist also anzunehmen, daß dies auch bei Herodes nicht der Fall ist.

(Abgesehen von diesen den *alten* Kalender betreffenden Fragen ist noch im Auge zu behalten, daß die christliche Zeitrechnung, die im Jahre 525 in Rom nach den Berechnungen des Dionysius Exiguus eingeführt wurde, kein Jahr Null als Zeitenwende-Jahr festsetzt, sondern vom Jahr 1 v. Chr. gleich zum Jahr 1 n. Chr. übergeht. Es folgt also auf den 31. Dezember 1 v. Chr. gleich der 1. Januar 1 n. Chr. Aber die Astronomie nennt das Jahr 1 v. Chr. das Jahr Null. Das heißt, bei diesem Jahr 1 v. Chr. beziehungsweise Jahr Null handelt es sich um das Jahr der Jesusgeburt(en), wie auch Rudolf Steiner es bezeichnet hat.)

Werden die 34 Regierungsjahre des Herodes nach der alles einschließenden Methode gezählt, so ergeben sich in Wirklichkeit nur 32 Jahre. «Ist aber die ‹alles einschließende› Rechnungsweise unhaltbar, dann ist auch das Jahr 4 v. Chr. als Todesdatum des Herodes nicht zutreffend» (Edwards; S. 30).

Nun gibt es noch einen anderen Fixpunkt bei Josephus: Er spricht, wie wir zitiert haben, davon, daß Herodes nach einer Mondfinsternis und nicht lange vor dem Passahfest starb. Die Mondfinsternisse der betreffenden Jahre sind der Astronomie bekannt. Im Jahr 4 v. Chr. trat am 13. März eine partielle Mondfinsternis ein. Das scheint die These von 4 v. Chr. zu stützen. In den Jahren 3 und 2 v. Chr. gab es keine Finsternis, wohl aber im Jahre 1 v. Chr. Sie ereignete sich am 10. Januar.

Ebenfalls bekannt sind die Passahfeste. «Im Jahre 4 v. Chr. lagen 30 Tage zwischen der Finsternis und dem Fest, aber im Jahre 1 v. Chr. waren es 88 Tage.» Da sich in den Jahren 3 und 2 v. Chr. im Frühjahr keine Finsternisse ereigneten, «bleibt nur die Schlußfolgerung übrig, daß Herodes bald nach der Mondfinsternis vom 10. Januar 1 v. Chr. gestorben ist» (Edwards; S. 31 f.).

In Anbetracht all der Geschehnisse, die sich nach Josephus im Herodesleben nach der Nacht der Finsternis, in welcher er Matthias mit seinen Getreuen verbrennen ließ, noch ereignen, erscheinen die dreißig Tage, die sich im Jahre 4 ergeben würden, sowohl Edwards als auch manchen anderen Forschern als nicht ausreichend.

Wir fassen noch einmal zusammen:

Herodes wird nach der Mondfinsternis noch schwerer krank, Ärzte von nah und fern werden gerufen, sie empfehlen die Reise nach Kallirrhoe, wo er sich einige Zeit aufhält. Dann kehrt er zurück nach Jericho, wirbt um die Treue seiner Soldaten mit Geschenken, schickt ins ganze Land den Befehl, die Vornehmen und Familienoberhäupter mögen nach

Jericho kommen. Diese reisen an und werden in der Rennbahn eingeschlossen und bewacht. Es folgen der Selbstmordversuch des Herodes, die Aufregung um Antipater und dessen Hinrichtung. Nach weiteren fünf Tagen stirbt der König. Sein Tod wird aber geheimgehalten, während die Schwester des Herodes sich entschließt, die Gefangenen freizulassen. Sie löst die Versammlung auf und schickt die Juden nach Hause. Dann erst wird das Testament veröffentlicht, und die großen Trauerfeierlichkeiten finden statt. Danach wird eine siebentägige allgemeine Trauer angeordnet. Archelaos übernimmt die Macht, und der königliche Hof kehrt nach Jerusalem zurück. Das Volk huldigt Archelaos, und dieser bewirtet es nach dem Ende der Trauerwoche, besucht den Tempel, hält eine Ansprache an das Volk. Er teilt mit, daß er das ihm vom Heer angebotene Diadem noch nicht annehmen könne, da der Kaiser in Rom ihn als Nachfolger des Herodes bestätigen müsse und er, Archelaos, dessenthalben nach Rom reisen werde.

Von seiten der Juden werden aber in der nächsten Zeit nun viele Forderungen gestellt, er möge die Ungerechtigkeiten seines Vorgängers wiedergutmachen, Gefangene befreien, die Hingerichteten um Matthias rächen, den von Herodes widerrechtlich eingesetzten Hohenpriester absetzen und dergleichen mehr.

Archelaos, kurz vor der Romreise und als noch unbestätigter Nachfolger, scheute sich, mit Härte durchzugreifen, und sandte Offiziere aus, die den Juden zureden sollten, von ihrem Rachegeschrei abzusehen und zu warten, bis er aus Rom zurück sei, dann wolle er sich mit ihnen unterreden.

Die Beschwichtigungsversuche des Archelaos waren aber, wie Josephus berichtet, vergeblich.

«Sie schrien aber gewaltig, schnitten dem Boten des Königs das Wort ab und bedrohten ihn sowie jeden anderen, der es wagen würde, sie von ihrem Vorhaben abwendig machen zu wollen, mit dem Tode, da sie ihrem eigenen Willen und nicht dem ihrer Vorgesetzten gemäß zu handeln sich entschlossen hätten. Es sei doch unerträglich, daß ihre lieben Freunde, die sie bei Lebzeiten des Herodes verloren, nun nicht einmal nach seinem Tode gerächt werden sollten. In ihrer Aufregung hielten sie eben das, was ihrem Willen entsprach, auch für recht und gesetzlich, ohne daß sie an die Gefahr dachten, die daraus für sie entstehen konnte.»

Archelaos sandte neue Boten aus, und ruhigere Bürger suchten die Aufgeregten zu beschwichtigen, was jedoch keinem gelang. «So entstand dann allmählich ein förmlicher Aufruhr, und es war leicht vorauszusehen, daß derselbe bald größere Dimensionen annehmen würde, weil eine immer zahlreichere Menge sich an die Unzufriedenen anschloß. Da um diese Zeit das Fest herannahte, an welchem die Juden nach väterlicher Sitte nur ungesäuertes Brot essen – dieses Fest heißt Pascha und ist eingesetzt zur Erinnerung an den Auszug aus Ägypten ...» – Hier also erfährt man bei Josephus, wann das Passahfest herannahte. Die aufrührerischen Juden hielten sich beständig im Tempel zusammen und sorgten unter «der gewaltigen Menge Menschen», die aus dem In- und Ausland zum Fest zusammenströmten, für Unruhe.

Archelaos, in der Sorge, seine gesamte Macht stehe auf dem Spiele, wenn er hier nicht entscheidend durchgriffe, sandte schließlich seine Soldaten gegen die Empörer. Die Reiterei hieb gegen dreitausend Juden tot, der Rest floh in die Berge. Dann schiffte Archelaos sich mit vielen seiner Verwandten nach Rom ein. Dort intrigierten gerade diese Verwandten gegen ihn, und Archelaos wurde als König nicht bestätigt, sondern der Cäsar ernannte ihn nur zum Ethnarchen über die Hälfte des Regierungsgebietes und teilte die andere Hälfte unter die anderen Söhne des Herodes, unter Philippus und Antipas, auf. Zum Gebiet des Antipas gehörte Galiläa, zum Gebiet des Archelaos gehörte Judäa mit Jerusalem.

Im Jahre 4 v. Chr. standen also für die angeführten Ereignisse zwischen Mondfinsternis und Passah nur 30 Tage zur Verfügung, im Jahre 1 oder Null dagegen zwischen dem 9./10. Januar und Passah 88 Tage. Es liegt im Ermessen des jeweiligen Forschers, darin eine Bestätigung für das Jahr 4 oder das Jahr 1 zu erblicken.

Verborgenes Königsgeschlecht

Ormond Edwards führt einen weiteren Gedanken ein.
Schon in frühchristlicher Zeit wurde die Ankunft der Magier oder Könige, die dem neugeborenen Jesus huldigen, am 6. Januar gefeiert. Der Aufruhr in Jerusalem, der den Juden Mut gibt, sich wider Herodes zu empören und den Adler herunterzureißen, findet im Jahre 1 wohl Anfang Januar statt; auf jeden Fall gipfelt das Ereignis in der finsteren Nacht, in der Matthias und seine Anhänger verbrannt werden und gleichzeitig der Mond am Himmel verhüllt ist. Ormond Edwards hält es nun für möglich, daß die eigentliche Ursache des Aufstandes in der Ankunft jener fremden Fürsten liegt, die nach dem neugeborenen König suchen. Wenn die Magier in eben diesen kritischen Tagen Jerusalem erreichten, in denen die Juden ohnehin von des Herodes Krankheit und dem Todesgerücht erregt waren, dann könnte das traditionelle Datum des 6. Januar für die Anbetung in Bethlehem exakt stimmen. Es wäre dies drei Tage vor der Mondfinsternis beziehungsweise drei Tage vor der blutigen Niederschlagung des Aufstandes. Herodes wäre zusätzlich gereizt durch die Ankündigung der Geburt des «Königs der Juden» und in doppelter Angst, der Aufruhr könne sich ausweiten. Der Kindermord in Bethlehem würde dann mit in den Strudel der finsteren Ereignisse um diese Vollmondnacht vom 9. zum 10. Januar fallen. Da Herodes grundsätzlich nach allen Richtungen hin mißtrauisch war, ließe sich weiterhin denken, daß die Geburt dieses salomonischen Jesus erst wenige Tage vorher, vielleicht am 3. oder 4. Januar stattgefunden haben mochte, da die Späher des Herodes dies noch nicht ausfindig gemacht hatten. Soweit Edwards.
Es ist ja eine Frage, die sich heute kaum beantworten läßt, wieweit die Aufmerksamkeit der Juden und des Herodes zu damaliger Zeit auf den Nachkommen innerhalb des salomonischen Königsgeschlechtes geruht hat. Der Stammbaum des Matthäus-Evangeliums zeigt ganz deutlich, daß dieser Jesus «Davids Sohn» war und in gerader Linie von Salomo abstammte, also der geheime Thronprätendent gewesen wäre. Außerdem wurde aus dieser Linie der Messias erwartet, den man sich als einen Erretter auch in äußerer Hinsicht – jetzt von der Drangsal der Römer – und weltlichen König der Juden vorstellte.

Daß die Aufmerksamkeit der *Römer* auf diese Familie gerichtet war, dafür gibt es Zeugnisse, die sich allerdings erst auf die Zeit nach dem Tode Christi beziehen. Eusebius, Bischof von Cäsarea, der von ca. 260 bis ca. 340 lebte, hat in seiner *Kirchengeschichte* einen anderen frühchristlichen Historiker, Hegesippus (2. Jh. n. Chr.), zitiert. Demnach habe der Kaiser Vespasian nach der Eroberung von Jerusalem (70 n. Chr.) «alle Sprößlinge aus Davids Geschlecht aufsuchen lassen, damit niemand von dem königlichen Stamme der Juden übrig bliebe» (III., 12). Auf Vespasian folgte sein Sohn Titus, der Jerusalem erobert hatte. Er galt als Friedenskaiser, regierte aber nur zwei Jahre (79–81). Nach ihm nahm sein ganz anders gearteter Bruder den Thron ein, Domitian (81–96), der ob seines Despotismus gefürchtet und schließlich ermordet wurde.

Von diesem Domitian heißt es bei Hegesippus/Eusebius, es seien zu seiner Zeit noch zwei Enkel von Judas, einem Bruder Christi, übrig gewesen.[5] Sie wurden von anderen Juden (Ketzern, das heißt Nicht-Christen) angezeigt, «daß sie aus dem Geschlecht Davids entsprossen seien», und daraufhin Domitian vorgeführt, «welcher die Erscheinung Christi nicht minder fürchtete, als Herodes». Der Kaiser sah, daß die beiden Davididen arme Landleute waren, die sich von ihrer Hände Arbeit nur kärglich ernährten. Er fragte «nach Christus und seinem Reiche, von welcher Art es sei und wann und wo es erscheinen würde». Sie antworteten ihm, «es sei kein weltliches und kein irdisches, sondern ein himmlisches und englisches, das erst in der Vollendung der Zeiten erscheinen werde, wann er in Herrlichkeit kommen würde, zu richten die Lebendigen und die Toten und einem Jeden nach seinen Handlungen zu vergelten. Auf diese Auskunft verurteilte sie Domitian nicht, sondern verachtete sie als ganz geringe Leute, ließ sie gehen und gab Befehl, die Verfolgung gegen die Kirche einzustellen» (III., 19, 20).

Von Ormond Edwards wird noch die Frage angeschnitten, ob das merkwürdige Verhalten, das Matthäus von dem salomonischen Joseph schildert, nicht auch in diesen Zusammenhängen eine neue Beleuchtung bekommt. Joseph gedachte ja, Maria heimlich zu verlassen, als sich zeigte, daß sie schwanger war.

«Möglicherweise hat die Todesdrohung, die über jedem neuen Thronprätendenten schwebte, Joseph mit zu dem Plan bewogen, Maria heimlich zu verlassen. Seinen Erstgeborenen zu verleugnen, könnte seiner menschlichen Überlegung als der einzig gangbare Weg erschienen sein, das Leben des Kindes zu bewahren» (Edwards; S. 36).

Bei Matthäus klingt das nicht an, dort wird vielmehr auf die jungfräuliche Geburt hingewiesen. Ein Engel beruhigt Joseph im Traum und gibt ihm die Auskunft: «Joseph, du Sohn Davids, fürchte dich nicht, Maria, dein Gemahl, zu dir zu nehmen. Denn das in ihr geboren ist, das ist vom heiligen Geist.» Joseph, vom Schlaf erwacht, handelte danach, «nahm sein Gemahl zu sich und erkannte sie nicht, bis sie ihren ersten Sohn gebar; und hieß seinen Namen Jesus».

Das Thema der sogenannten jungfräulichen Geburt ist ein Problem für sich, das hier nicht behandelt werden kann, aber es muß ja jedem Leser des Evangeliums auffallen, daß der lange Stammbaum, welcher mit den Worten beginnt: «Dies ist ein Buch von der Geburt Jesu Christi, der da ist ein Sohn Davids, des Sohns Abrahams» und der über Salomo bis zu Joseph, «dem Sohn Davids», geht, ganz sinnlos wäre, wenn die jungfräuliche Geburt ohne die Mitwirkung des Joseph verstanden werden müßte.

Aber dieses Thema sei, wie gesagt, nur am Rande erwähnt.

Gesehen haben wir schon bei den Berichten über die dunklen Tage um die Mondfinsternis, daß Josephus als äußerer Geschichtsschreiber anderes erwähnt und einen anderen Blick auf die Ereignisse hat als die Evangelisten. Das muß sich nicht gegenseitig ausschließen. Josephus erzählt vom Aufstand, den Matthias und Judas schüren. Dieser tritt ganz vordergründig auf der Seite der politischen Geschichte zutage.

Matthäus spricht von dergleichen nicht, berichtet aber, daß Herodes und *ganz Jerusalem* erschrak, als die Magier auftauchten und nach dem neugeborenen König der Juden suchten. Möglicherweise waren das zwei Seiten der gleichen Medaille. Wir müssen es offenlassen.

Verfolgung des Täuferknaben

Wie außerordentlich nervös das Herodesgeschlecht war, wenn sich in den führenden Familien der Juden ein Sohn durch besondere Zeichen ankündigte, darauf weist noch eine andere Überlieferung hin. Wir sehen bei all dem, was für eine gespannte Atmosphäre gerade in diesem Jahr der Zeitenwende das jüdische Volk beherrschte, als treibe alles auf eine Kulmination zu und als sei das Volk aus unbewußtem ahnungsvollem Untergrunde besonders leicht erregbar und habe das Gefühl, es müsse etwas Neues beginnen.

In der alten italienischen Kunst kann man – wenn auch selten – auf Bilder treffen, die den Titel tragen: «Flucht der Elisabeth mit Johannes dem Täufer vor den Häschern». Man stutzt und denkt: Aber Johannes wurde doch gar nicht mehr vom Kindermord bedroht; außerdem lebte er nicht direkt in Bethlehem, wenn auch in seinem weiteren Umkreis; warum also Flucht der Elisabeth mit ihrem kleinen Kinde?

In der Bibel findet man keinen Bericht über einen solchen Vorgang, wohl aber in den Apokryphen, jenem großen Überlieferungsgut, das nicht in das Neue Testament aufgenommen worden ist. Trotz der Ächtung durch die Kirche war es lange Zeit sehr bekannt und bot für die bildende Kunst beliebte Vorlagen. Zum Beispiel stammt die gesamte Geburts- und Kindheitsgeschichte der Maria – die als Tochter von Joachim und Anna im Tempel erzogen und auf recht ungewöhnliche Weise an Joseph verlobt wird – nur aus den Apokryphen. So wissen sie auch die Geschichte des neugeborenen Johannesknaben weiter zu erzählen, welche der Evangelist Lukas abbricht, um zur Geburt Jesu überzugehen. In der *Vor*geschichte der Johannesgeburt aber ist Lukas ausführlich, und sie ist wahrlich auffallend.

Der Evangelist berichtet von einem Priester aus der Ordnung Abias mit Namen Zacharias. Seine Frau, Elisabeth, stammte aus dem Geschlecht Aarons. Beide waren fromm und gottesfürchtig und lebten nach den Gesetzen, aber sie bekamen kein Kind, «denn Elisabeth war unfruchtbar und beide waren hochbetaget».

Zur Zeit, da Herodes König in Judäa war, tat Zacharias eines Tages wieder Dienst im Tempel, als die Ordnung Abia an der Reihe war. Eine

Menge Volks betete vor dem Tempel, wissend, daß Zacharias jetzt am Räucheraltar stand. Was das Volk nicht wußte und nicht sehen konnte, war, daß dem erschreckten Zacharias ein Engel erschien. Dieser weissagte ihm einen Sohn, dessen Name Johannes sein sollte. «Er wird groß sein vor dem Herrn ... und vor ihm hergehen in Geist und Kraft des Elias ...» Zacharias kann das nicht glauben. Er wendet ein: «... ich bin alt und mein Weib ist betaget.» Darauf gibt sich der Engel zu erkennen als «Gabriel, der vor Gott steht, und bin gesandt mit dir zu reden. Und siehe, du wirst verstummen und nicht reden können bis auf den Tag, da dies geschehen ist, darum, daß du meinen Worten nicht geglaubt hast.»

Das Volk vor dem Tempel verwunderte sich, daß Zacharias so lange nicht erschien. Als er aber herauskam, konnte er nicht reden, winkte ihnen nur und blieb stumm, und man sah ihm an, daß er ein «Gesicht», eine Erscheinung im Tempel gehabt haben mußte.

Zacharias kehrt nach Hause zurück. «Und nach den Tagen ward sein Weib Elisabeth schwanger und verbarg sich fünf Monate und sprach: ‹Also hat mir der Herr getan in den Tagen, da er mich angesehen hat, daß er meine Schmach unter den Menschen von mir nehme.›»

Im sechsten Monat dieser Schwangerschaft Elisabeths tritt der Engel Gabriel in der Stadt Nazareth in Galiläa zur Jungfrau Maria und verkündet ihr die Geburt des Sohnes Jesus. Das heißt, der lukanische Jesus wird ein halbes Jahr später als Johannes der Täufer von seiner Mutter empfangen.

Maria wandert dann über das Gebirge zu ihrer Verwandten Elisabeth in Judäa und bleibt dort drei Monate. Dann kehrt sie heim.

Für Elisabeth kommt nach Wochen die Zeit der Geburt, und sie bringt den geweissagten Sohn zur Welt. Bei der Beschneidung, acht Tage danach, will man das Kind nach seinem Vater Zacharias nennen, aber Elisabeth widerspricht und sagt: «Er heißt Johannes.» Die Freunde und Verwandten wundern sich, da niemand in ihrer Bekanntschaft diesen Namen trägt, und sie winken dem Vater, der noch immer stumm ist. Zacharias schreibt auf ein Täfelchen: «Er heißt Johannes.» – Alle Anwesenden staunen, aber Zacharias kann mit einem Schlage wieder sprechen, und es ergreift ihn der heilige Geist, so daß er einen Lobgesang anstimmt und über die Zukunft weissagt.

In dieser Lobeshymne heißt es: «Gelobet sei der Herr, der Gott Israels, denn er hat besucht und erlöset sein Volk und hat uns aufgerichtet ein Horn des Heils in dem Hause seines Dieners David ... daß er uns errette von unseren Feinden und von der Hand aller, die uns hassen ... daß wir erlöset aus der Hand unserer Feinde ihm dieneten ohne Furcht unser Leben lang ... Und du Kindlein wirst ein Prophet des Höchsten heißen, du wirst vor dem Herrn hergehen, daß du seinen Weg bereitest ...»

Lukas sagt zu diesen Ereignissen: «Es kam eine Furcht über alle Nachbarn, und diese Geschichte ward ruchbar auf dem ganzen jüdischen Gebirge, und alle, die es hörten, nahmens zu Herzen und sprachen: Was meinst du, will aus dem Kindlein werden? Denn die Hand des Herrn war mit ihm.»

Und dann heißt es bei Lukas nur noch, daß das Kindlein wuchs und in der Wüste war, «bis daß er sollte hervortreten vor das Volk Israel». Diesen Worten folgt das berühmte: «Es begab sich aber zu der Zeit, daß ein Gebot vom Kaiser Augustus ausging» – das heißt, es setzt die Geburtsgeschichte des Jesusknaben ein, dessen Eltern in Nazareth leben, der aber in Bethlehem zur Welt kommen wird.

Nun die Apokryphen. Sie sind ein schwieriges Überlieferungsgut, in dem oft die verschiedensten Versionen zusammengetragen und miteinander verwoben sind. Legendenbildungen blühen dazwischen, manches wird in der Freude der Bildhaftigkeit nicht «exakt» weitergegeben. Außerdem haben wir heute nur die Reste, die der Vernichtung entgangen sind, zu welcher die Kirche sie verurteilt hatte.

Im sogenannten Protevangelium des Jacobus, aber auch in anderen Textbruchstücken finden wir die Geschichte von der Verfolgung des Johanneskindes. Daß sie auch in die Malerei eingegangen ist, wird dann verständlich, wenn man weiß, daß die Beliebtheit dieses Prot(o)- oder «Erstevangeliums» so groß war, daß es bis ins 16. Jahrhundert unzählige Male abgeschrieben wurde, wobei sich natürlich auch viele Abweichungen oder Vermischungen ergaben. Heute existieren noch einige sehr alte Papyrusbruchstücke und etwa dreißig griechische Handschriften. In diesem apokryphen Evangelium wird zwar die Johannes-/Zachariasgeschichte gleich nach dem Auftrag des Herodes zum bethlehemitischen Kindermord erzählt, als sei sie ein Teil von diesem, doch gibt es Anzeichen, daß dieser Textteil erst später dorthin geraten ist.

Es wird also gesagt, daß Elisabeth hörte, ihr Kind Johannes werde gesucht. Sie floh hinauf ins Gebirge, fand aber kein Versteck. Da seufzte sie und rief: «Berg Gottes, nimm Mutter und Kind auf!» – Darauf teilte sich der Berg, und es wurde in seinem Innern hell, denn ein Engel des Herrn war bei ihnen.

Als die Häscher das Kind nicht fanden, schickte Herodes sie zu Zacharias, und sie fragten: «Wo hast du deinen Sohn versteckt?» Zacharias sagte: «Ich walte meines Amtes im Tempel und weiß nicht, wo mein Kind ist.» Diese Antwort beunruhigte Herodes, er fürchtete, dieses Kind wolle als König über Israel herrschen. Mit einer Drohung schickte er die Häscher wiederum zu Zacharias, der sie warnte, sein Blut nicht zu vergießen, ihnen aber keine Antwort auf die Frage nach Johannes gab.

«Und gegen Tagesanbruch wurde Zacharias ermordet. Und die Kinder Israel wußtens nicht.»

Dann wird dramatisch erzählt, daß die Priester «zur Stunde der Begrüßung» zum Tempel zogen und auf den Segen des Zacharias warteten. Als er nicht kam und sie lange vergeblich warteten, wurden alle von großer Angst ergriffen. Einer wagte es und ging hinein. Neben dem Altar sah er geronnenes Blut, und eine Stimme sprach. «Zacharias ist ermordet worden, und sein Blut soll nicht hinweggewaschen werden, bis sein Rächer kommt.»

Danach gingen auch die anderen Priester hinein. «Die getäfelte Decke des Tempels ächzte, und sie rissen ihre Gewänder entzwei von oben bis unten.» Den Leichnam fanden sie nicht, nur sein «zu Stein» geronnenes Blut. Danach erfuhr es das ganze Volk und trauerte.

Sieht man sich diese Geschichte an, so ergeben sich verschiedene Gedanken. Selbst Lukas berichtet, welch großes Aufsehen die plötzliche Schwangerschaft der betagten Elisabeth, die Stummheit des Zacharias und sein Wiederfinden der Sprache nach der Geburt im Lande erregte. Wie die Leute untereinander redeten, was aus diesem Kinde wohl werden mag, das so offensichtlich als ein Auserwählter bezeichnet worden ist. Bedenkt man dazu den Inhalt der Rede, die Zacharias, vom Geiste erfüllt, vor allen Dabeistehenden gehalten hat, so mag man sich schon vorstellen, daß dergleichen bald dem Herrscher in Jerusalem zu Ohren gekommen ist und daß sie diesem nicht besonders wohl geklungen haben. «Daß er uns errette von unseren Feinden und von allen, die uns hassen ... daß wir erlöset aus der Hand unserer Feinde ihm dieneten ohne Furcht.» – Gerade der kurze Abriß der Geschichte, den wir anhand der Josephusberichte durchlaufen haben, läßt ahnen, wie sehr sich die Juden danach gesehnt haben mögen, «ohne Furcht» nach ihrer Gottesvorstellung leben zu können.

Wenn wir annehmen, daß die Johannesgeburt sich Monate nach dem Tode des Herodes vollzogen hat, dann war zu dieser Zeit Archelaos sein

Nachfolger in Jerusalem – nicht als König, aber doch als Herrscher von römischen Gnaden. Auch sein Bruder Antipas, der in Galiläa herrschte und später die Herodias heiratete, wird ja Herodes genannt. Sie waren Herodianer, zwar nicht «Herodes der Große», wie ihr Vater, aber Herodes Antipas oder eben Archelaos. So wird also nach den Apokryphen auch Johannes verfolgt, aber als einzelner, und der ihn fangen lassen will, müßte Archelaos gewesen sein.

Nun taucht aber noch eine andere Version in den Apokryphen auf. Sie bestätigt die Ereignisse, sagt aber, die eigentlichen Mörder waren nicht die Häscher des Herodes, sondern die Knechte der Priester und Schriftgelehrten des Tempels. Diese waren erbost und voller Neid, daß einem unter ihnen eine solche Bevorzugung zuteil werden sollte. Sie schalten Zacharias eitel und machtsüchtig und befürchteten, er wolle sich mit diesem besonderen Sohn eine «Dynastie» aufbauen. Auch in ihren Ohren klang der Lobpreis des Zacharias nicht süß.

Nun könnten wir diese den unsicheren Texten der Apokryphen entnommene Fortsetzung der Geburtsgeschichte des Johannes, die bei Lukas keine Erwähnung findet, auf sich beruhen lassen und aus dem Gedächtnis streichen als eine Legendenbildung, sozusagen als ein Märchen ohne Hand und Fuß, wenn nicht merkwürdigerweise sehr viel später sowohl bei Lukas als auch bei Matthäus eine Stelle zu finden wäre, die offensichtlich auf der Kenntnis dieser Ereignisse beruht.

Im 11. Kapitel des Lukas-Evangeliums lesen wir, daß ein Pharisäer Jesus mittags zu Tisch lädt, sich aber wundert, daß sein Gast sich nicht zuvor gewaschen hat (wie es wohl die strengen Vorschriften der Pharisäer vorschreiben). Jesus geißelt darauf in scharfen Worten die Scheinheiligkeit der Pharisäer, welche Becher und Schüsseln auswendig rein halten, aber in ihrem Inneren «voller Raubs und Bosheit» sind. Er nimmt wahrlich kein Blatt vor den Mund, rügt auch ihren Hochmut, daß sie immer obenan sitzen und auf dem Markte gegrüßt werden wollen, er nennt sie Heuchler und verdeckte Totengräber, «darüber die Leute laufen und kennen sie nicht». (Hier sind also wirklich die Grabstätten gemeint und nicht der Beruf des Totengräbers.[6]) Ein dabeisitzender Schriftgelehrter sagt betroffen: «Meister, mit den Worten schmähest du uns auch.» Nun wendet er sich an die Schriftgelehrten: «Weh euch, ihr beladet die Menschen mit unerträglichen Lasten, und ihr rühret sie nicht mit einem Finger an.» Diese schreckliche Strafpredigt gipfelt dann in den an die Schriftgelehrten gerichteten Worten: «... auf daß gefordert werde von diesem Geschlecht aller Propheten Blut, das vergossen ist, seit der Welt Grund gelegt ist. Von Abels Blut an bis auf das Blut des Zacharias, der umkam zwischen dem Altar und dem Tempel. Ja, ich sage euch, es wird gefordert werden von diesem Geschlechte.»

Ähnlich heißt es im 23. Kapitel des Matthäus. Pharisäern und Schriftgelehrten wird zugerufen: «Ihr Schlangen und Otterngezücht, wie wollt ihr der höllischen Verdammnis entrinnen», und wieder erklingen auch hier die Sätze: «... auf daß über euch komme all das gerechte Blut, das vergossen ist auf Erden, von dem Blut an des gerechten Abel bis aufs Blut des Zacharias, des Sohnes Berechjas, welchen ihr getötet habt zwischen dem Tempel und Altar. Wahrlich, ich sage euch, daß solches alles wird über dies Geschlecht kommen.» Und er bricht aus in die Klage: «Jerusalem, Jerusalem, die du tötest die Propheten und steinigst, die zu dir gesandt sind.»

Hier heißt es nun ausdrücklich: «Welchen *ihr* getötet habt.» Jesus kennt also die geheimen Mörder. Und auch Johannes, der seinen Vater auf diese Weise früh verlor, dürfte darüber nicht im Zweifel gewesen sein. Als an seine Taufstelle im Jordan Pharisäer und Sadduzäer kamen, hat auch er ihnen entgegengerufen: «Ihr Otterngezücht, wer hat denn euch gewiesen, daß ihr dem künftigen Zorn entrinnen werdet?» (Matthäus 3,7)

Nun gibt es freilich auch hier wieder manches Rätsel. Lukas spricht von Zacharias. Bei Matthäus ist hinzugesetzt: «der Sohn Berechjas».

Es gab einen Propheten Sacharja, welches die hebräische Namensform von Zacharias ist. Dieser Sacharja aus dem fünften vorchristlichen Jahrhundert ist ein Sohn des Berechja. Aber er wurde nicht getötet.

Also, nehmen die Interpreten der Bibel an, wird Matthäus den Zacharias verwechselt haben mit einem anderen Sacharja. Von ihm ist im 2. Buch der Chronik, 24. Kapitel, Vers 20,21 die Rede. Er wird gesteinigt «im Hofe am Hause des Herrn». Nur ist dieser Sacharja nicht der Sohn eines Berechja, sondern der Sohn des Priesters Jojada.

Keiner der beiden Vorschläge, welche die Interpreten machen, klärt die Angelegenheit auf.

Wen meint Matthäus? Da man den Bericht über den Tod des Vaters von Johannes dem Täufer in die Bibel nicht aufnehmen wollte – wodurch er Teil des apokryphen, des verborgenen Schrifttums wurde –, hatte vielleicht jemand Interesse daran, auch jeden Hinweis darauf zu verwischen?

Es bleibt doch folgendes zu bedenken: Christus ist im geschilderten

Augenblick außerordentlich ergrimmt über die gegenwärtigen, vor ihm sitzenden Pharisäer und Schriftgelehrten. Er spricht sie direkt an und sagt, an euch, diesem scheinheiligen, heruntergekommenen Priestergeschlechte, wird sich alles rächen von Abel an bis auf Zacharias. Wenn er nun mit diesem Zacharias einen vor vielen Jahrhunderten getöteten Sacharja meinte – was für einen Sinn hätte das? Wenn das der letzte war, der im Tempel getötet wurde, ist man dann inzwischen nicht sehr tugendhaft geworden? Warum wirft er es denn den Gegenwärtigen vor?

Und dann folgt ja noch sein Weheruf über Jerusalem:

«Jerusalem, die du tötest die Propheten und steinigst die zu dir gesandt sind! Wie oft habe ich deine Kinder versammeln wollen, wie eine Henne versammelt ihre Küchlein unter ihre Flügel, und ihr habt nicht gewollt. Siehe, euer Haus soll euch wüst gelassen werden. Denn ich sage euch: Ihr werdet mich von jetzt an nicht sehen, bis ihr sprecht: ‹Gelobt sei, der da kommt im Namen des Herrn.›»

Er sagt nicht: Jerusalem, die du *einst* getötet und gesteinigt hast. Er klagt über das jetzige Jerusalem, welches die schlimme Linie, die von Abel her die Geschichte durchzieht, fortgesetzt hat. Seine Worte sagen, daß Gottes Langmut nun ein Ende hat und die ganze Rechnung präsentiert wird – eben diesen, die da vor ihm sitzen, diesem gleichzeitig mit ihm lebenden Geschlechte, das ihn nicht anerkennt und nicht auf ihn hören will.

Es ist merkwürdig, daß gerade bei Matthäus, bei welchem die Worte stehen, welchen «ihr» getötet habt, die irritierende Erklärung «Sohn des Berechja» hinzugesetzt ist.

Wir müssen ja leider bei den Schriften des Neuen Testamentes auch Textkorrekturen für möglich halten. Besonders seit das Christentum unter Konstantin zur Staatsreligion erhoben wurde, suchte man aus den verschiedenen Überlieferungen einen in sich nicht allzu widersprüchlichen Text herzustellen. Positiv gesagt: den wirklichen Kern herauszuschälen. Aus einem Kanon von siebenundzwanzig ausgewählten Schriften entstand das, was man später das Neue Testament nannte. Es war zweifellos eine sehr schwierige Arbeit, die da zu leisten war.

«Gewisse Gelehrte, ‹Correctores› genannt, waren nach dem Konzil von Nicäa 325 n. Chr. durch die kirchlichen Behörden ernannt worden und tatsächlich bevollmächtigt, den Text der heiligen Schrift zu korrigieren im Sinne dessen, was als strenggläubig richtig betrachtet wurde» (Nestlé, zitiert nach R. Müller).

«Zuerst korrigierte man die Handschriften der Evangelien durch Auslassungen und Einschübe, um sie aufeinander abzustimmen» (Nielsen, zitiert nach R. Müller).

Gewiß, die Wissenschaftler, die uns das heute sagen, waren damals auch nicht dabei; aber an mancherlei Manipulationen am Text dürfte kein Zweifel sein. So ist zumindest der Gedanke erlaubt: Da man die Überlieferungen von der Tötung des Zacharias nicht in die kanonischen Schriften aufgenommen hatte, konnte man versucht sein, die peinliche spätere Stelle in einem anderen Sinne erklärbar zu machen. Doch geht diese Rechnung eben nicht auf; aber wenigstens stiftet sie Verwirrung.

Fassen wir wiederum zusammen:

Matthäus zufolge beging Herodes den Kindermord, nachdem ihm klargeworden war, daß die Fremden nicht zu ihm zurückkommen würden, um ihm zu sagen, welches das von ihnen gesuchte Kind sei. Das heißt, Herodes wartete zunächst ein paar Tage. Hat die Anbetung der Magier am 6. Januar stattgefunden, so käme man nach drei Tagen in die finstere Zeit der Mondverdunkelung zwischen dem 9. und 10. Januar. Der traditionelle Termin vom 6. Januar würde damit gestützt. Das heißt aber auch, daß Herodes ursprünglich «nur» die Absicht hatte, das eine Kind umzubringen – was er den Magiern natürlich nicht sagte, sondern vorgab, er wolle selber anbeten. Den Mord an allen Kindern bis zum Alter von zwei Jahren befahl er erst, als er den «einen» eben nicht zu treffen wußte.

(Es bleiben jetzt andere Gedankengänge außer Betracht, die hier eine schwarzmagische Handlung für möglich halten. Wir verfolgen jetzt nur, was die Angaben im Evangelium und bei Josephus uns nahelegen.)

Herodes' Seele war, wie die von Josephus geschilderten Ereignisse der letzten Lebenszeit deutlich zeigen, nur noch von finsteren Gedanken besessen. Sein allzeit grausames und machthungriges Wesen, das ihn auch in der eigenen Familie immer wieder mit Mord wüten ließ, scheint in diesen Tagen und Nächten, die in der Mondfinsternis auch einen kosmischen Ausdruck fanden, in seinen tiefsten Fall zu stürzen. Dramatisch zeigt dies das Schicksal an, indem es eben nun *Jesus* ist, den er zum Opfer erwählt. Der riesige Schatten des Bösen erhebt sich, als Zarathustra – dieser Ausdruck höchster bis dahin möglicher menschlicher Entwicklung – sich inkarniert, um dem Christus zu dienen.[7]

Fragen bleiben noch immer offen. Zum Beispiel ist es verwunderlich, daß Herodes nicht sogleich den Verdacht auf die Familie des Joseph richtet. Nun ist Herodes ja kein Jude und wird sich in den Geheimtraditionen nicht ausgekannt haben. Als er die Priester befragt, weisen sie ihn auf Prophezeiungen hin, die nach Bethlehem deuten. Sie sagen aber nichts davon, daß aus dem Hause David, aus der Königslinie des Salomo, der Messias erwartet wird. Beide, Herodes wie die jüdischen Schriftgelehrten, verstehen unter Christus oder dem Messias aber ganz offensichtlich einen wirklichen äußeren König, *den* König der Juden.

Wie Josephus uns wissen läßt, wollte Herodes seinen Tod durch einen Massenmord an den Juden begleiten, die er in Jericho in der Rennbahn gefangenhielt. Er betrachtete dies als eine Ehrung, um die er seine Schwester anflehte. Mit anderen Worten: er wollte sich ein Totengeleit sichern, wollte als König nicht ohne Gefolgschaft im Jenseits erscheinen. Kommen da nicht ganz alte Vorstellungen herauf, die auch von anderen orientalischen Völkern bekannt sind, wie die indische Witwenverbrennung oder wenn bei Herrschern ein ganzer Hofstaat mitbestattet wurde? In solchen alten orientalischen Herrschervorstellungen lebte offenbar Herodes, aber zu seiner Zeit und überhaupt im jüdischen Volk hatte das keinen weltanschaulichen Boden. In seiner Umwelt folgte niemand freiwillig «seinem Herrscher». Herodes aber will sich diese Ehrung erzwingen, und die Totenklagen (auf die in alten Kulturen so großer Wert gelegt wurde, daß es geradezu den Beruf der Klagefrauen gab) gehörten zu dieser «Ehrung» hinzu.

Wenn in Herodes solch finstere Schatten der Vergangenheit herumgeisterten, die sich neue Wirksamkeiten zu erzwingen suchten und in ihm einen prädisponierten Träger fanden, so rückt auch der Kindermord in eine neue dämonische Beleuchtung. Wer sich einen Mord an Tausenden als Ehrengeleit für den eigenen Tod ausdenken kann, dem sind auch beim Kindermord egoistische Ziele in dem Sinne zuzutrauen, daß er die freigewordene Lebenskraft sich als Heilmittel für die eigene Siechheit erzwingen wollte. Nachdem er den «Einen» nicht fand, scheint er die Gelegenheit wahrgenommen zu haben, noch eine andere Absicht damit zu verbinden.

Zweifellos spielt in diese Herodesgestalt, die zum Verhinderer der Christus-Ereignisse werden möchte, mehr hinein, als für ein historisches Aufspüren zutage liegen kann. Nicht nur Menschen, auch Dämonen – um mit der Terminologie des Neuen Testamentes zu sprechen – wehrten sich gegen den Anbruch des neuen Zeitalters.

Hoffnung auf zwei Messiasgestalten

Der Gedanke an *zwei* Jesusknaben beziehungsweise an einen «doppelten» Messias scheint der christlichen Welt fremd. Die Ausgrabungen von Qumran müßten das eigentlich ändern, doch werden solche wissenschaftlichen Entdeckungen nur schwer und langsam in das allgemeine Bewußtsein umgesetzt.

Eine umfangreiche Literatur liegt über diese Texte vor, die 1947 in den Höhlen westlich des Toten Meeres von einem Hirten entdeckt worden waren. Es sind Schriftrollen aus der Zeit Christi und auch viel älteren Datums. Sie geben Zeugnis von einer besonderen Gemeinschaft, die nach sehr strengen Regeln in der Wüste lebte – es kann nur die Gemeinschaft der Essäer oder Essener (der Reinen) gemeint sein – und die (wie durch viele Textstellen bezeugt ist) in der Erwartung lebte, es würden zwei Messiasse und ein Prophet erscheinen. Die Messiasse haben unterschiedlichen Charakter; der eine ist der hochpriesterliche aus dem Stamme Aaron (dem einst von Jahwe das Priestertum zugesprochen wurde), der andere wird als königlicher Messias aus dem Hause David erwartet. «Hakkohen», dem hochpriesterlichen Messias, ist «Maschiach Jisrael», der kriegsgesalbte, untergeordnet. Der priesterliche nimmt den ersten, der königliche den zweiten Platz im «apokalyptischen Festmahl» ein.

Tauchte nicht an *vielen* Stellen der Bezug auf die zwei Messiasse auf, so würden die Forscher, die sich nun seit Jahrzehnten mit diesen Schriftrollen befassen, einen Schreibfehler annehmen, wie man das zuerst auch aufzufassen versuchte. Inzwischen gibt es an dieser Doppelerwartung keinen Zweifel mehr. Ja, man entdeckt auch andernorts entsprechende Hinweise. So im sogenannten «Testament der zwölf Patriarchen», einer im Mittelalter sehr beliebten und bekannten Schrift, die im Frühchristentum, vielleicht um 200 n. Chr., aufgezeichnet worden ist. Dort wird von «Levi und Juda» gesprochen, aus denen die Erlösung kommen soll. «Erhebt euch nicht gegen diese beiden Stämme, denn aus ihnen wird euch aufsprossen das Heil Gottes. Es wird nämlich der Herr aus Levi einen Hohenpriester erwecken und aus Juda einen König, Gott und Mensch.» (Die Leviten gehören ebenfalls zur Priesterströmung.)

Selbst im Alten Testament entdeckt man jetzt Spuren einer doppelten

Messiaserwartung. So bei dem schon erwähnten Propheten Sacharja (6. vorchristliches Jahrhundert).

Vorauszuschicken ist, daß die Bezeichnung Messias (aus hebräisch «Maschiach») «der Gesalbte» heißt. Ganz wörtlich bedeutet es «Sohn (Kind) des Öls».

Sacharja nun schildert, wie er von einem Engel zu einer Schauung auferweckt wurde. Er sah einen goldenen Leuchter, neben dem zwei Ölbäume standen. Nachdem ihm anderes bereits erklärt worden war, fragte er, was die zwei Ölbäume bedeuten. Und der Engel «sprach: Es sind die zwei Ölkinder, welche stehen bei dem Herrscher des ganzen Landes» (Sacharja 4,14).

Überträgt man diese Prophezeiungen auf die im Neuen Testament wirklich auftretenden zwei Jesusgeburten, so ist der lukanische Knabe schon durch seinen Stammbaum (der über den Priester Nathan anstatt über Salomo geht), vor allem aber durch sein ganzes Wesen, von priesterlichem Charakter – man kann auch sagen: von himmlischer Wesenheit, die zum Priesterlichen mehr Bezug hat als zum Herrschertum, während der Matthäus-Jesus schon durch seine Geburt Aufregung in die königliche Sphäre bringt.

Wunderbar zeigt sich der Charakter dieser Doppelheit in der Bibel, wenn man bei Lukas hört, wie das erste Erscheinen «seines» Kindleins im Tempel zu Jerusalem (bei der Darstellung, 40 Tage nach der Geburt) zu einem Ereignis wird, indem der Priester Simeon und die alte Prophetin Hanna dieses Kind erkennen und preisen. Bei Matthäus findet eine solche Tempelszene überhaupt nicht statt (dies kann auch nicht sein, weil das Kind ja nach Ägypten geflüchtet wird), dafür bringen die Könige aus dem Morgenland ihre Huldigung dar.

So stehen sich gegenüber: bei der lukanischen Geburt die Engelwelt in den Höhen (und Buddha), bei Matthäus das Erscheinen des Zarathustra-Sternes.

Bei Lukas Lobpreis und Erkenntnis des Kindes im priesterlichen Bereich des Tempels und bei Matthäus die Huldigung vor dem «neugeborenen König der Juden» durch die Magier.

Eine priesterliche und eine königliche Anbetungsszene setzen sich deutlich voneinander ab.

Das Merkwürdige ist, daß – nachdem die Qumran-Rollen weltweites Aufsehen erregt haben – aus den Reihen des heutigen Judentums der

Hinweis kommt, daß die Erwartung zweier Messiasse nicht nur zur essäischen, sondern überhaupt zur jüdischen Lehre gehöre. Der bekannte jüdische Religionswissenschaftler Schalom Ben-Chorin schreibt in seinem Buch *Paulus,* auch das rabbinische Judentum habe gelehrt, daß es zwei Messiasse geben wird, den unterliegenden Messias, Sohn Josephs, und den sieghaften Messias, Sohn Davids.

Ben-Chorin und andere Religionswissenschaftler nehmen an, daß dies auch die Evangelienschreiber gewußt haben. Wie sollten sie auch nicht, wenn das im Talmud verankert und Teil der jüdischen Lehre war? Das würde heißen, daß sie mit diesem Hintergrund des Wissens geschrieben hätten – Matthäus über «seinen» Jesus und Lukas über den «anderen.»[8]

Nun haben weder Ben-Chorin noch andere Religionswissenschaftler die zwei Jesusknaben im Auge. Wenn die Evangelisten nur von *einem* Christus sprechen, so erscheint ihnen das deshalb wie eine Korrektur des Talmud. Ben-Chorin schreibt: «Die Sekte von Qumran hatte, wie gesagt, den Glauben, daß es zwei Messiasse gebe, einen priesterlichen und einen davidischen, königlichen. Die Vorstellung von zwei Messiassen ist nicht Sondergut von Qumran, denn auch das rabbinische Judentum lehrte, daß es zwei Messiasse geben werde, den unterliegenden Messias, Sohn Josephs, und den sieghaften Messias, Sohn Davids. Die Synoptiker (das heißt die Evangelisten Matthäus, Markus und Lukas) haben diese Tradition aufgenommen, Jesus als Sohn Josephs *und* Sohn (Nachkomme) Davids dargestellt, so daß in seiner Person diese beiden Vorstellungen vereinigt sind. Das ist die Antwort der Synoptiker an die rabbinische ‹Christologie›» (S. 185).

Es gibt im Neuen Testament unter den Briefen des Paulus einen «An die Hebräer». An wen genau er gerichtet ist, weiß man nicht. Auch brauchen wir uns jetzt nicht damit zu befassen, ob er von Paulus oder vielleicht von seinem Mitarbeiter Barnabas oder einem anderen Schüler geschrieben ist – daß er ganz aus dem paulinischen Gedankenkreis stammt, ist deutlich und wird von niemandem bestritten. In diesem berühmten Brief, dem viele in christlichen Gottesdiensten verwendete Worte entnommen sind, wird mit starker Betonung von Christus als dem von Gott eingesetzten *Hohenpriester* gesprochen. Ben-Chorin und andere nehmen an, daß man jetzt den Adressaten dieses Briefes in den Essäern ausmachen kann, da sie den kommenden Messias – den Priester-Messias – als «Hohenpriester» erwarteten. Paulus gehe also mit Kenntnis auf die Glaubensvorstellung der Essäer ein und mache ihnen klar, daß in Christus dieser Hohepriester-Messias erschienen sei. Wundervolle Worte findet Paulus, um zu zeigen, wie über allen beamteten Hohenpriestern dieser von Gott eingesetzte ‹Hohe Priester in Ewigkeit› erhaben ist. Liest man mit Blick auf die Essäer diesen Brief, so ist der Gedanke sehr einleuchtend, daß *sie* die Empfänger gewesen sind. Spricht er sie doch nicht wie Laien an, sondern sagt: «Ihr heiligen Brüder, die ihr mitberufen seid durch den himmlischen Beruf, nehmet wahr des Apostels und Hohenpriesters, den wir erkennen: Christi Jesu» (Kap. 3.1).

Da man aber durch die Qumran-Schriften weiß, daß die Essäer *zwei* Messiasse erwarteten, sehen die Forscher auch hier den Text als Korrektur der doppelten Messiaserwartung an. «Nach dem Hebräerbrief vereinigt Christus den Laienmessias und den Priestermessias in sich» (Ben-Chorin; S. 184).

Wie wahr!, wird man sagen, wenn man die Vereinigung der beiden Jesusknaben berücksichtigt; nur eben wird man es nicht als Korrektur verstehen. Bei Christus selbst handelt es sich nur um den Einen. Aber es sind in ihm eben wirklich die königliche und die hochpriesterliche Linie vereinigt, und die Erwartung der Essäer war nicht falsch.

Bei dieser Betrachtung über die doppelte Messias-Erwartung halten wir fest, daß Rudolf Steiner bereits 1909 erstmalig über die beiden Jesusknaben gesprochen hat. (Als die Qumrantexte aufgefunden wurden, lebte er längst nicht mehr.) In vielen Vorträgen ist dann das Bild immer reicher entfaltet worden. Entnehmen wir ein paar Sätze dem Vortragszyklus über das Lukas-Evangelium, der im September 1909 in Basel gehalten wurde:

«Einige Monate voneinander geschieden also lagen die Geburten der beiden Jesusknaben. Aber sowohl der Jesus des Lukas-Evangeliums wie auch der Johannes waren doch um so viel später geboren, daß sie der sogenannte bethlehemitische Kindermord nicht treffen konnte ... Denn wenn damals wirklich alle Kinder getötet worden sind, die in den ersten zwei Lebensjahren waren, so hätte der Johannes mitgetötet werden müssen. Sie werden es aber erklärlich finden, wenn Sie die Tatsachen der Akasha-Chronik nehmen und sich klar sind, daß die Geschehnisse des Matthäus-Evangeliums und des Lukas-Evangeliums nicht in die gleiche Zeit fallen, so daß die Geburt des nathanischen Jesus nicht mehr in die Zeit des bethlehemitischen Kindesmordes fällt. Und ebenso ist es mit dem Johannes. Obwohl nur Monate dazwischen sind, so genügen sie doch, um diese Tatsachen möglich zu machen» (Vortrag vom 19. September; GA 114).

Die Akasha-Chronik, auf die sich Rudolf Steiner bezieht, ist eine geistige Chronik, keine irdische. Um in ihr lesen zu können, bedarf es der Hellsehergabe. In einer geistigen Chronik ist es besonders schwer, exakte irdische Zeitangaben zu finden, denn sie bezieht sich mehr auf das Wesen der Ereignisse als auf eine irdische Rechnerei. Rudolf Steiner hat auch später keine Geburtsdaten festgelegt. Nur das Jahr Null und das Jahr 33 (als Jahr von Christi Tod) hat er direkt genannt.

Lesen wir die oben angeführte Stelle, so ergibt sich dennoch ein klares Bild, wie wir es ja bereits entwickelt haben: Bei der Geburt des Johannes sind «nur Monate verstrichen» seit dem bethlehemitischen Kindermord. Wenn Johannes im Sommer und das lukanische Kind ein halbes Jahr später geboren wird, dann kann sich nur folgende Jahresgestalt ergeben:

In einem Winter Geburt des salomonischen Jesus (Anfang Januar), dann vergehen sechs Monate. Im Sommer kommt Johannes der Täufer zur Welt und wiederum sechs Monate später, also im nächsten Winter, der nathanische Jesusknabe. Zwischen den beiden Messiassen fällt in die Mitte die Geburt des Propheten.

Wenn wir Weihnachten feiern, wie es die Christenheit seit Jahrhunderten tut, so spiegelt sich darin dieses Jahr im Kleinen. Die Nacht «zwischen den Jahren», unsere Silvesternacht, liegt genau in der Mitte. Sechs Tage zuvor, am 25. Dezember, feiern wir die Geburt des lukanischen Kindes und sechs Tage danach, am 6. Januar, die des Matthäus-Jesus und die Königsanbetung. Solche Rhythmen sind zweifellos nicht zufällig und deuten auf jenen tieferen Sinn, der nicht an der äußerlich-historischen Oberfläche liegt.

Die drei Verkündigungen

Außer auf die Geburtsdaten möge unsere Aufmerksamkeit nun noch auf die Daten der *Empfängnisse* fallen. Die Szene der Verkündigung an Zacharias im Tempel geschieht nach Lukas «zu der Zeit des Königs Herodes, des Königs in Judäa». Ist Johannes im Sommer des Jahres 1 (Null) geboren, so muß sie in den Herbst 2 v. Chr. fallen, wie es auch nach christlicher Tradition angenommen wird. Ormond Edwards macht darauf aufmerksam, daß Lukas davon spricht, es sei «viel Volk» im Tempel gewesen, das betend auf Zacharias wartete. Es könnte somit ein Festtag gewesen sein, vielleicht das «Herbst-Neujahr, das im Jahre 2 v. Chr. auf den 30. September fiel». Nach neun Monaten wäre die Geburt des Täufers Ende Juni zu erwarten gewesen.

Sechs Monate nach der Empfängnis des Johannes erscheint der Engel Gabriel der Maria in Nazareth, das wäre Ende März (offiziell 25.3.) des Jahres 1 v. Chr. (Null); die Geburt geschieht im Dezember.

Bei Matthäus gibt es eine himmlische Ankündigung des Sohnes nicht. Es wird also nicht berichtet, daß Gabriel erschienen wäre als Bote des Herrn, weder dem Vater, wie bei Zacharias, noch der Mutter, wie bei dem lukanischen Jesus. Es folgt dem Geschlechtsregister sogleich die Feststellung, daß Maria schwanger sei. Nach der Aufzählung aller Vorfahren lautet es so:

«Alle Glieder von Abraham bis auf David sind vierzehn Glieder. Von David bis auf die babylonische Gefangenschaft sind vierzehn Glieder. Von der babylonischen Gefangenschaft bis auf Christum sind vierzehn Glieder. Die Geburt Christi war aber also getan. Als Maria, seine Mutter, dem Joseph vertrauet war, ehe er sie heimholte, erfand sich's, daß sie schwanger war von dem heiligen Geist. Joseph aber, ihr Mann, war fromm und wollte sie nicht in Schande bringen, gedachte aber, sie heimlich zu verlassen.»

Erst aus diesem Grunde erscheint dem Joseph im Traum ein Engel, der ihn darüber aufklärt, daß Mariens Kind «vom heiligen Geiste» ist. Es ist eine dritte (oder vielmehr erste) Variante von Verkündigung in dem dreifachen Geburtsgeschehen. Knapper und sachlicher geht es hier zu. Der Engel nennt sich nicht Gabriel, sondern bleibt namenlos, spricht aber doch zu Joseph eindringliche Verkündigungsworte: «Er wird sein Volk selig machen von seinen Sünden», und auch der Name wird hier vorgeschrieben: «des Namen sollst du Jesus heißen». Das zweifache «Jesus» ist himmlisches Gebot, so wie der Name Johannes bei dem Täufer. Woraus zu schließen ist, daß es nicht zufällige Namen sein können.

Nehmen wir die Geburt des Matthäus-Kindes für Anfang Januar an, so müßte die Empfängnis Anfang April 2 v. Chr. geschehen sein, sechs Monate vor der Verkündigung des Johannes.

Das heißt, die Empfängnis des Matthäus-Jesus fällt – wie auch seine Geburt – noch in die Lebenszeit des Herodes. Die Verkündigung des Täufers desgleichen, aber seine Geburt nicht mehr. Sie ist aus der finstersten Zeit schon herausgerückt. Verkündigung und Geburt des lukanischen Jesus liegen beide bereits jenseits der Herodeszeit.

Auch dies ist eine interessante Schicksalsschrift, die, wie man meinen kann, deutlich macht, daß Zufälligkeiten hier keinen Platz haben.

Nach der Königsanbetung flieht die salomonische Familie nach Ägypten, bis sie ein Engelruf zur Rückkehr bewegt. Wieder in Israel angekommen, erfährt Joseph, «daß Archelaos im jüdischen Lande König» ist, als Nachfolger seines Vaters Herodes, und Joseph fürchtet sich, «dorthin zu gehen».

Das heißt, der Joseph des Matthäus-Evangeliums strebt nach Judäa. Er stammt nicht aus Nazareth in Galiläa, wie der lukanische Joseph, sondern aus Bethlehem bei Jerusalem. Ganz selbstverständlich will er zunächst zu seinem eigenen Haus und Land zurückkehren. Rudolf Steiner machte bereits darauf aufmerksam, daß das salomonische Elternpaar ursprünglich in Bethlehem lebte. Es ist bei Matthäus keine Rede davon, es sei wegen der Volkszählung von Nazareth angereist, auch finden die Könige das Kind in einem Haus und nicht in einem Stall. So will dieser Joseph auch nach Judäa zurückkehren. Daß dort Archelaos jetzt der Gebieter ist, stimmt mit Josephus überein, nur daß dieser sagt, er wurde nicht König, sondern nur Ethnarch. Joseph wich nach Galiläa, nach der Stadt Nazareth aus. Über Galiläa regierte der Herodessohn Antipas.

Fazit aus allen diesen Überlegungen: Wir können den Tod des Herodes sehr wohl im Jahre 1 v. Chr. annehmen. Nicht nur Ormond Edwards, sondern auch andere Forscher sind zu diesem Ergebnis gekommen, wenn es sich vorläufig auch nur um wenige handelt (siehe Tabelle bei Edwards, S. 25/26). Suso Vetter hat in seinem Artikel «Der Tod des Herodes und der Stern von Bethlehem» im *Goetheanum* auf

Uwe Lemmer aufmerksam gemacht, der im Dezember 1980 in der astronomischen Monatsschrift *Sterne und Weltraum* ebenfalls den Herodestod im Jahre 1 v. Chr. als einzige reale Möglichkeit dargestellt hat.

Daraufhin schreibt Walther Bühler in seinem Buch *Der Stern der Weisen:* «Der historisch-wissenschaftliche Streit um das Todesjahr des Herodes und damit um den richtigen Beginn unserer christlichen Zeitrechnung kann daher als beendet betrachtet werden. ‹Die nunmehr zweifach und unabhängig voneinander erforschte Zeit des Frühjahres 1 v. Chr. schließt sich zwanglos mit den Hinweisen aus der Geistesforschung Rudolf Steiners zusammen›» (Bühler, S. 19).

Nun, beendet ist der Streit nicht, das Jahr vier geistert weiter herum. Das Jahr eins aber, wie wir es jetzt vor Augen haben, steht nicht nur mit den Angaben Rudolf Steiners im Einklang, sondern wir kommen auch zu einer Zeitgestalt, die in ihren kosmisch bestimmten Geburtsrhythmen ebenso wie in ihrer irdischen Schicksalsschrift überzeugend ist.

Geheimnisse bleiben freilich noch reichlich, und niemand wird erwarten, daß sie jetzt und hier für alle Zeit gelöst werden können. Die geistige Tiefe der Geschehnisse zur Zeitenwende reicht für den Rest der Menschheitsentwicklung aus und wird noch in vielen Schichten durchdrungen werden müssen.

Wir kommen nun zu einem anderen Problem: zur Sternkonjunktion im Jahr sechs oder sieben, die man als den Stern von Bethlehem verstehen will, was also die Jesusgeburt noch weiter zurückverlegen würde als das Jahr vier mit dem vermeintlichen Zeitpunkt des Herodestodes.[9]

Der Stern von Bethlehem

Mit dem Thema: «Wann erschien der Stern von Bethlehem und was war er – ein Komet? Eine Nova? Eine Konjunktion oder ein Lichtschein?» kommt man als Laie auf astronomischem Gebiet hoffnungslos auf Glatteis. Ein Esel, wer darauf tanzen wollte!

Wie schon vermerkt, kann es sich nicht darum handeln, neue Hypothesen aufzustellen, sondern wiederum nur, sich klarzumachen, daß die jährlich zur Weihnacht präsentierten sogenannten Erkenntnisse nur Annahmen sind, wenn auch Schlagzeilen wie: «Rätsel des Sterns von Bethlehem gelöst!», «Der authentische Dreikönigstag» und immer wieder «Stern von Bethlehem 7 v. Chr.» – uns eines anderen belehren wollen. So vielfältig der Forscherfleiß, so vielfarbig auch die Palette der Hypothesen. Diese Einsicht soll dem Forschereifer nicht zu nahe treten. Im Gegenteil – es ist beeindruckend, wie sehr dieser Stern nach zweitausend Jahren die Fachwelt noch beschäftigt, wieviel Mühe darauf verwendet wird, dem Phänomen sein Geheimnis zu rauben. Oder sagen wir: sein Geheimnis zu lüften. Denn nichts reizt den Wissensdrang ja mehr als ein Rätsel, das sich nicht auflösen läßt. Aber es ist hier wie bei allen Fragen, die an die Ereignisse der Zeitenwende herangetragen werden: einer historischen Fixierung entziehen sie sich letztendlich immer wieder. In jedem noch so schönen Hypothesengebäude klaffen Lücken. Wie viele Fakten sich auch finden lassen, man kann sie so, aber auch anders interpretieren und an der Kette des Kausaldenkens aufreihen. Immer wieder springt das zu erforschende Phänomen über die Grenze und aus der Reihe des Faßbaren heraus. Als würde ein Fixstern plötzlich locker und verberge sich lachend in einer anderen Dimension.

Dem Phänomen der Zeitenwende naht man sich angemessen, wenn man sich ihm *geistig* naht, denn dort liegt das Entscheidende der Christustat, nicht im äußeren Beweise-Suchen, so mahnt Rudolf Steiner. Die äußeren Beweise nützen im Grunde für das Wesentliche wenig oder gar nichts, deshalb kann man auch nie völlig damit zu Rande kommen. Das trifft auch auf den Stern von Bethlehem zu.

Aber abgesehen davon, daß auch Rudolf Steiner mehrere Hinweise zu dem Thema gegeben hat, meldet das Bedürfnis, sich die Ereignisse der

Zeitenwende in einem verständlichen Bilde innerlich aufzubauen, immer wieder seine Berechtigung an.

Und daß man an besagter Grenze, an der die Phänomene ins Unbeweisbare fortspringen, immer wieder anstößt, kann auch eine ganz heilsame Erfahrung sein.

Aber gerade, um zu solch einem Erlebnis zu kommen und sich hineinzuahnen in die hohen geistigen Dimensionen dieser Jahre am Beginn unserer Zeitrechnung, bedarf es des inneren Widerstandes gegen die angebotenen Fixierungen, soweit sie sich als endgültig geben wollen.

Hier, wie bei jeder geistigen Forschung, wird immer das Paradoxe Voraussetzung bleiben: gründlich zu sein und doch offen zu bleiben. Die Grenzen zu erkennen, an welchen die eingesetzten Denkinstrumente versagen, und sich dies einzugestehen; lebhaftes Bewegen der Fragen zu paaren mit der Kunst des Warten-Könnens.

Mit solch guten Einsichten und Vorsätzen ausgerüstet versuchen wir eine Annäherung an das Thema.

Eines kann sich auch der Laie sagen: Wäre der Stern nur eine auffallende, allen sichtbare irdische Erscheinung gewesen, die außerdem imstande war, einen *Weg* zu weisen und über einem bestimmten Haus zu stehen, dann wären auch andere Leute diesem Stern nachgelaufen. Die Magier müssen also wohl eine innere Voraussetzung gehabt haben, um diesem Sternzeichen die richtige Bedeutung beizumessen. Als häufig wiederholte Erklärung hören wir dazu: Die im Jahre 7 v. Chr. dreimal auftretende Konjunktion der Planeten Jupiter und Saturn sei so verstanden worden, daß man Jupiter als Repräsentanz des Weltherrschers (Götterkönig / Marduk / Zeus) betrachtete, Saturn aber als Stern der Juden und das Sternbild der Fische, in dem die Sternbegegnung sich abspielte, als Endzeit-Symbol. Woraus die Magier hätten ablesen können, daß der Herrscher der Endzeit im Judenlande geboren worden sei. Messiaserwartungen, verbunden mit Vorstellungen von einer Endzeit, gab es nicht nur im Judentum, sondern im ganzen Orient.

Abgesehen von der Richtigkeit oder Unrichtigkeit solcher Überlegungen stoßen wir bei der Magiergeschichte noch auf ein rätselhaftes Phänomen: Die Könige kommen von weither, durch den Stern geführt, und gelangen bis nach Jerusalem; und jetzt, wo sie ganz nahe sind, wissen sie nicht weiter. Der Stern ist unsichtbar geworden. Sie müssen nach dem neugeborenen König der Juden *fragen* und geraten dabei an Herodes. Eine Schicksalsregie, die schwerwiegende Folgen hat. Es scheint, in die

Kindheitsgeschichte dieses Jesus ist die Verfolgung und damit auch seine Flucht nach Ägypten vom Weltenwillen fest eingeplant.

An dieser Stelle sei etwas eingeschaltet.
Der Jesus aus der salomonischen Königslinie, um den es hier geht, hat die bestzubereitete Leiblichkeit erhalten, die das jüdische Volk aufbauen konnte. Jene Leiblichkeit, die von Abraham her ganz besonders konstituiert ist. Das wußten die Essäer. Ihnen war bekannt, daß nach dreimal vierzehn, also nach zweiundvierzig Generationen, der Messias erscheinen werde. Um welch eine okkulte Berechnung es sich dabei handelt, lese man bei Rudolf Steiner nach (*Das Matthäus-Evangelium*, GA 123). Da wird klar, warum Matthäus bei der Einführung des Stammbaums so dezidiert auf die dreimal vierzehn Glieder aufmerksam macht.
Das heißt, in diesem Jesus wird zu höchster und vollkommenster Blüte gebracht, was in Abraham für das ganze Volk veranlagt wurde. Aber bereits am Anfang tritt auf, was wir an der Geburtsgeschichte des Jesus erleben: Verfolgung und Bedrohung durch Kindermord! Rudolf Steiner referiert im Vortrag vom 3. September 1910, «was die talmudische Legende von diesem Stammvater erzählt». Abrahams Vater wird als ein Feldherr geschildert, der dem in der Bibel als Nimrod bezeichneten Herrscher dient. Nimrod war ein Sohn des Chus, dieser war ein Kind von Ham, welcher einer der drei Söhne Noahs war: Sem, Ham und Japhet. Von ihnen ging das Geschlecht nach der Sündflut aus. «Nimrod fing an, ein gewaltiger Herr zu sein auf Erden. Und war ein gewaltiger Jäger vor dem Herrn. Und der Anfang seines Reichs war Babel, Erech, Acad und Chalne im Lande Sinear» (Moses 1,10). Diesem Nimrod soll Abrahams Vater als Feldherr gedient haben. Nimrod träumte auf sehr eindringliche Weise, daß seinem Feldherrn ein Sohn geboren werde. Und diejenigen, die die Zeichen der Zeit verstanden, sahen in ihm eine Wesenheit zur Welt kommen, «die viele Könige und Herrscher entthronen werde». Nimrod fürchtet sich davor und befiehlt, daß der Sohn seines Feldherrn getötet werde. Rudolf Steiner fügt hier ein: «Das erzählt die Legende; das bestätigt uns die okkulte Forschung.» Die Legende berichtet weiter, daß Abrahams Vater dem Nimrod ein fremdes Kind vorzeigt, das eigene Kind aber in einer Höhle versteckt, wo es heimlich aufgezogen wird. Drei Jahre bleibt der kleine Abraham in der Höhle. Durch die Gnade Gottes saugt er Milch aus dem eigenen Finger der rechten Hand.

Rudolf Steiner erläutert, daß dies ein wunderbares Bild ist für das, was in Abraham als Neues in die Entwicklung hereinkommt, nämlich «das Hineingehen der Kräfte, welche früher die alte Hellsichtigkeit bewirkt haben, in die innere Organisation des Menschen». Historie und Gleichnis fallen in dieser Erzählung zusammen.

Wir sehen aber gleichzeitig: Von Anfang an ist die Entwicklung bedroht, die sich auf die Wesensgrundlage bezieht, welche in ganz spezieller Weise dem jüdischen Volk zum Auftrag gegeben ist.

Später muß *Moses* vor dem Kindermordbefehl des ägyptischen Pharao gerettet werden. In einem Schilfkästlein wirft man ihn in den Nil.

Aber auch Zarathustra selbst hat in früherer Inkarnation in Urpersien solche Erfahrung gemacht. Da schildert die Legende, daß es schon damals einen König von der Art des Herodes gegeben habe – Duransarun –, der das Kind töten wollte. Er versucht es auf vielerlei Weise, aber es gelingt ihm nie. Das alles, sagt Rudolf Steiner, sind Bilder geistiger Realitäten, aber «wir haben schon öfter dargestellt, wie bei derartigen Schilderungen Historisches und Bildliches nur zwei verschiedene Seiten derselben Sache sind ... so daß die äußeren Handlungen dem entsprechen, was innerhalb der geistigen Welt geschieht» (Vortrag vom 19. Dezember 1910; GA 124).

So zeigt sich das schreckliche Thema des Kindermordes durch Jahrhunderte verbunden mit jüdischen und menschheitlichen Entwicklungsstufen – Stufen der Gefahr und auch der Errettung. An entscheidenden Wendepunkten kommt es zu dieser Eskalation, und der Garant der Zukunft muß dem Zugriff des Bösen erst abgerungen werden. Das bethlehemitische Geschehen ist nicht der erste Akt in diesem Drama. Ein langer, beständiger Kampf zwischen Licht und Finsternis zieht sich schon durch die Vorgeschichte der salomonischen Jesus-Inkarnation. Und mit Herodes, als Werkzeug des Bösen, flammt erneut dieser Kampf auf.

Aber der *lukanische* Jesus steht ganz außerhalb dieses irdischgeschichtlichen Stromes, er hat damit nichts, aber auch gar nichts zu tun. Seiner Wesenheit würde es auch gar nicht entsprechen, daß «seinetwegen» andere Kinder sterben müßten. Er ist in geschichtliche Verflechtungen – besonders, wenn wir das unter dem Gesichtspunkt der wiederholten Erdenleben verstehen – nicht einbezogen.

Das Kindermord-Thema gipfelt in der Zeitenwende, aber zum Abschluß kommt es mit der bethlehemitischen Untat nicht. Eher, möchte man sagen, macht es mit seiner exemplarischen Grellheit auf etwas aufmerksam, was sich weiterzieht und wohl fortwirken wird, solange absolute Machtansprüche erhoben werden. Auch in europäischen Fürstenhäusern gibt es solche dunklen Ereignisse.

Heute, wo es nicht mehr Könige sind, welche die Macht in Händen halten, hat auf diesem Felde die Vererbung ihre Bedeutung verloren. Doch das Thema «Kindermord» bewegt auf manch andere und höchst aktuelle Weise das Gewissen der Menschheit weiter.

Aber zurück zum Stern von Bethlehem.

Hätte er sich vor den Reisenden nicht plötzlich verhüllt – vielleicht wäre alles ganz anders gekommen? Vielleicht. Wir wissen ja nicht, wie auffällig der Zug der Magier wirklich gewesen ist. Hätte er jener Prozession von Geschenke-beladenen Kamelen und anderen exotischen Tieren geglichen, die man in Europa gern im Bilde darstellt, und wären die Herren so auffällig reich und vornehm gekleidet gewesen, daß sie unter den vielen Reisenden und Karawanen der damaligen Zeit hervorstechen mußten, dann wären sie Herodes wohl ohnehin nicht verborgen geblieben, selbst wenn sie in Jerusalem nicht Aufhalt genommen hätten.[10]

Aber vielleicht haben wir bei Matthäus auch gar nicht ganz richtig gelesen, wenn wir die Vorstellung hegen, der Stern wäre den ganzen Weg über führend vorangegangen. Im Evangelium heißt es – Die Magier fragen: «Wo ist der neugeborene König der Juden? Wir haben seinen Stern gesehen im Morgenland und sind gekommen, ihn anzubeten.» Von einer Führung durch den Stern steht da nichts. Die fremden Fürsten haben offenbar, als sie in ihren Heimatländern den entsprechenden Stern erblickten, gewußt, daß er «den König der Juden» prophezeit, und sind geradewegs erst einmal nach Jerusalem gereist. Nachdem sie dort die Weisung nach Bethlehem bekommen haben, erscheint der Stern, «den sie im Morgenland gesehen hatten, und ging vor ihnen, bis daß er kam und stund oben über, wo das Kindlein war. Da sie den Stern sahen, wurden sie hocherfreut und gingen in das Haus und fanden das Kindlein mit Maria seiner Mutter und fielen nieder und beteten es an und taten ihre Schätze auf und schenkten ihm Gold, Weihrauch und Myrrhe.»

Der Stern, *den sie im Morgenland gesehen hatten*, zeigt sich plötzlich wieder. Und es ist doch sehr deutlich, daß das verbunden gewesen sein muß mit einer geistigen Fähigkeit, die in ihnen jetzt wieder aufbricht, jetzt, da sie erfahren, wie nahe sie ihrem Ziele sind. Viele alte Bilder drücken ja diese Hellseherfähigkeit sehr schön aus, indem sie im Stern das Kind oder die Mutter mit dem Kind erscheinen lassen. Die Könige haben *mehr* gesehen als nur das äußere Flimmern eines großen Sterns.

Und so müssen wir bei unserer Suche eine Doppelspur verfolgen. Wir haben zu suchen, wie in den Sternen sich jene Ereignisse zeigen, die für die Erde wichtig, aber eben nicht nur irdische Ereignisse sind.

Wer einstmals mit den alten Hellseherkräften die Schrift der Sterne lesen konnte – wie als Nachzügler und vielleicht letzte große Repräsentanten die drei Magier –, dem war es ganz selbstverständlich, daß Irdisches und Geistiges zusammengehören. Die Geburt bedeutender menschheitlicher Zeitenführer, so wußte man bei den babylonisch-chaldäischen Sternkundigen, muß man auch am Himmel aufgeschrieben finden. Um es aber richtig verstehen zu können, bedarf es der Schulung.

Die Doppelspur also ist so beschaffen, daß wir einmal Ausschau halten nach den sichtbaren astronomischen Ereignissen und zum anderen in ahnungsweisem Nachvollzug den geistigen Charakter des Sternes vor unserem inneren Auge aufleuchten lassen.

Kepler – und wie er mißverstanden wird

Auf das Ereignis der Jupiter-Saturn-Konjunktion im Jahre 7 v. Chr. hat als erster der berühmte Astronom Johannes Kepler (1571–1630) sein Augenmerk gerichtet und es mit dem Stern von Bethlehem in Verbindung gebracht. Später ist durch Entdeckung von Keilschrifttafeln belegt worden, daß die Chaldäer diese Konjunktion gekannt haben und sie vorausberechnen konnten, was aber auch schon Kepler wußte.

Andere Forscher denken an eine Konjunktion von Jupiter und Venus im Sternbild des Löwen in den Jahren 2 und 1 v. Chr. Oder sogar – aus dem planetarischen Bereich hinausgehend – an die Konjunktion des Jupiter mit dem Fixstern Regulus, der von altersher als «Königsstern» galt. Er erglänzt an der Brust des Sternbildes Löwe, welches wiederum in bestimmten Traditionen als himmlisches Zeichen für den Stamm Juda galt, so daß der Messias auch als der «Löwe Juda» bezeichnet wurde.[11] Aber immer wieder und am meisten fasziniert die Astronomen das Jahr 7 v. Chr.

So auch den gegenwärtigen Forscher Konradin Ferrari d'Occhieppo, der in seinem Buch über den «Stern von Bethlehem» schreibt:

«Das astronomisch-chronologisch feststellbare Datum der Ankunft der Magier in Bethlehem ist demnach der Abend des 12. November 7 v. Chr. mit einer Toleranz von höchstens einem Tag vorher oder nachher» (S. 68). Die Abreise aus Babylon müßte dann Mitte September erfolgt sein, als der glanzvolle Abendaufgang von Jupiter mit Saturn auf den 15. September fiel.

Nun haben die Konjunktionen einen gravierenden Schönheitsfehler (ganz abgesehen von der Jahreszahl): Es handelt sich dabei um das enge Zusammenrücken zweier Sterne, nicht um *einen* Stern.

Kepler, der immer so zitiert wird, als habe er mit der Konjunktion den Stern von Bethlehem gemeint, spricht sich aber so aus, Gott habe das Ereignis der Konjunktion, ebenso die Geburt seines Sohnes, «beides, sowohl dieses Geschehnis auf Erden als auch die Conjunktion am Himmel mit einem neuen Stern gezeichnet: Durch Vermittlung desselben hat er die weisen Magos aus Morgenland ... diese, sprech ich, hat Gott durch den Stern nach dem jüdischen Land und in dessen kleines Städtlein

Bethlehem zu der Krippen und Geburt des neugeborenen Königs der Juden geleitet, wie denn diese Chaldäer in ihren Regeln gefunden haben, daß bei solchen Conjunktionen große Leute geboren werden.»

Kepler sieht also zwei Ereignisse zusammen – sowohl die Konjunktion als dazu auch einen neuen Stern, eine Nova, die, wie im Zitat ausgesprochen, von ihm als der eigentliche Stern von Bethlehem betrachtet wird. Da von einer solchen Nova astronomisch nichts zu erfahren ist, beruft man sich zwar auf Kepler, läßt aber die Nova unberücksichtigt.

Nicht so der anthroposophische Astronom Suso Vetter. Er machte 1982 in der Wochenschrift *Das Goetheanum* durch das eben angeführte Zitat aus Kepler auf diese Unterlassung aufmerksam.

Daraufhin schreibt Walther Bühler in seinem Buch *Der Stern der Weisen*: «Es ist schwer zu sagen, wie diese falsche oder einseitige Auffassung der Darlegungen Keplers zustande kam. Dies mag damit zusammenhängen, daß von einer Nova um die Zeitenwende, deren Aufleuchten nachträglich ohnehin nicht zu beweisen wäre, in der Geschichte der Astronomie ebensowenig bekannt ist wie von dem Erscheinen eines Kometen ... So schob sich wohl für das Bewußtsein vieler Nachfolger Keplers, die sich vor allem auch im astrologischen Sinne mit dem Rätsel des Sterns der Weisen befaßten, die so interessante und berechenbare dreifache Große Konjunktion allmählich ganz in den Vordergrund»[12] (S. 13 f.).

Wir haben hier den immerhin erstaunlichen Fall, daß fast die gesamte Forschung, die sich mit der Konjunktion im Jahre 7 befaßt, zwar auf Kepler zurückgeht und sich auf ihn beruft, bei Kepler aber nicht genau liest und die von ihm erwähnte Nova einfach nicht zur Kenntnis nimmt.

Eine Nova bietet sich dem Auge als neuer Stern dar, die Astronomen sagen jedoch, daß dies ein schon lange bestehender unscheinbarer kleiner Fixstern sei, der aus unbekannten Gründen in kurzer Zeit sich in seinem Glanz um ein Vieltausendfaches steigern und viele Monate am Himmel stehen kann, wobei sein Helligkeitsgrad zuweilen Schwankungen unterliegt.

Johannes Kepler war auf den Gedanken, diese Konjunktion in Zusammenhang mit einer Nova als Stern von Bethlehem zu vermuten, durch ein eigenes Erlebnis gekommen. Im Jahre 1603 konnte er eine Große Konjunktion zwischen Jupiter und Saturn beobachten, denn dieses Ereignis tritt alle zwanzig Jahre ein.

(Im 20. Jahrhundert war sie 1901 im Sternbild des Schützen, 1921 im

Löwen, 1940/41 als dreifache Konjunktion im Widder, ferner 1961 und dann 1981 nochmals als dreifache Begegnung zu sehen.)

Zu der Konjunktion im Jahre 1603 trat im Jahre 1604 noch der Mars hinzu, so daß die drei obersonnigen Planeten zusammenstanden, und dazu leuchtete ein neuer Stern, eine Nova, auf. Kepler hatte dabei das Gefühl von etwas ganz Besonderem. Nicht zufällig kann sich die Sternenschrift so wundersam verdichten. Wie erwähnt, wußte er, daß die Chaldäer glaubten, bei einer Jupiter-Saturn-Konjunktion werde ein großer Mensch geboren. Er selbst war des Glaubens, «daß Gott dieserlei große Conjunktionen mit sichtbaren extra ordinari Wundersternen am hohen Himmel, auch mit namhaften Werken seiner göttlichen Providenz selber zeichnet». Das heißt, daß eben gleichzeitig in der Welt etwas Großes geschieht.

Seinem frommen Gemüt mußte die Frage auftauchen, wie es sich denn zur Zeitenwende mit dem Stern von Bethlehem verhalten habe. Für das Jahr 1 fand er astronomisch nichts Besonderes aufgezeichnet, aber im Jahre 7 v. Chr. hatte sich die gleiche Konjunktion ereignet, die er selber beobachten konnte, damals aber dreimal hintereinander im gleichen Jahr, was sehr selten ist.

(Daß sich dies im 20. Jahrhundert gleich zweimal ereignete, ist eine erstaunliche Himmelsschrift.[13])

Die Nova für das Jahr 7 v. Chr. «glaubte» Kepler hinzu. Unter dem Eindruck des eigenen Erlebnisses schien ihm das intuitiv wohl richtig und nicht anders möglich. Und so bezog er das ganze Geschehen auf die Geburt Jesu, den Gott dieserart «geehrt» habe:

«In Maßen ehrt er die Geburt seines Sohnes Christi, unseres Heilandes gleich zurzeit der großen Conjunktion im Zeichen der Fische und des Widders, circa punktum aequinoctialem geordnet und beides, sowohl dieses Geschehnis auf Erden als auch die Conjunktion am Himmel, mit einem neuen Stern gezeichnet: Durch Vermittlung desselben hat er die Weisen oder Magos aus Morgenland ... diese, sprech ich, hat Gott durch den Stern nach dem jüdischen Land, und in dessen kleines Städtchen Bethlehem zu der Krippen und Geburt des neugeborenen Königs der Juden geleitet ...» (nach Bühler, S. 13).

So glaubt Kepler für das Jahr 7 v. Chr. eine Erklärung für das besondere Himmelsphänomen gefunden zu haben – für sein eigenes Erlebnis in den Jahren 1603/04 findet er solche Erklärung nicht. Er kann das Wunder am Himmel beobachten und von ihm auch seelisch berührt werden, er kann aber nicht «lesen», auf welches Ereignis dies Sternenwort deutet. So schreibt er:

«Was nun seine Bedeutung sein werdt, ist schwerlich zu ergründen, und dies allein gewiß, daß es entweder uns Menschen gar nichts oder aber solche hohe wüchtige Ding zu bedeuten habe, daß sie aller Menschen Sinn und Vernunft übertreffen» (nach Bühler, S. 47 f.).

Und er bekräftigt noch einmal, daß auch im Jahre 1604, als drei Planeten beieinander gestanden und Gott «einen ungewöhnlichen neuen Stern angeflammet und über ein ganzes Jahr also stehen lassen», dies zweifellos geschehen sei, um anzuzeigen: «Daß abermals etwas Seltsames in der Welt anfange, so zu seiner Zeit soll ans Tageslicht herfür kommen ...» (nach Vetter 1982).

Erwähnen wir jetzt noch kurz ein Wort Rudolf Steiners (auf das Jahr 1604 kommen wir später noch zu sprechen): «In Epochen, in denen, ich möchte sagen, die Götter hereinwirken wollen aus der astralischen Welt in die ätherische Welt, da sieht man solche aufleuchtenden und gleich wiederum sich abdämpfenden Sterne» (Vortrag vom 4. Juni 1924; GA 236).

Längere Zeit hat man auch an das Auftreten des Halleyschen oder eines anderen Kometen gedacht, worüber aber wissenschaftlich offenbar nichts zu finden war. Der oben zitierte österreichische Astronom Ferrari d'Occhieppo, der sich seit Jahrzehnten mit dem Thema befaßt, entscheidet sich für Jupiter, den Königsstern, als Stern von Bethlehem, demgegenüber Saturn im Glanz ja weit zurückbleibt. Offen aber ist die Frage, wie Jupiter ein bestimmtes Haus bezeichnet haben soll. Dafür führt Ferrari nun eine neue Hypothese ein: das Zodiakallicht. Es habe sich kurz nach 18.30 Uhr zwischen Süden und Südwesten als ein zarter, unscharf begrenzter Lichtkegel am Himmel gezeigt und die Magier überrascht.

Interessanterweise wird auch Ferrari, ähnlich wie Kepler mit seiner Nova, durch ein persönliches Erlebnis zu dieser Annahme geführt, und auch ihn beeindruckt das Erlebnis so, daß er es nicht als Hypothese, sondern als gesicherte Tatsache anführt.

Ferrari nimmt ja, wie zitiert, an, daß die Magier am 12. November des Jahres 7 v. Chr. in Bethlehem eintrafen. Dazu sagt er: «Kurz nach 18.30 Uhr (Ortszeit), als die Dämmerung in dunkle Nacht übergegangen war, zeigte sich zwischen Süden und Südwesten ein zarter, unscharf begrenzter Lichtkegel, das Zodiakallicht. Von Jupiter, der im Süden nächst der

Spitze des Kegels stand, schien ein Lichtstrom auszugehen, welcher nach unten hin zugleich breiter und heller wurde. Deutlich hoben sich von der Basis des Lichtkegels die Umrisse der Hügelkette und beim Näherkommen auch die flachen Dächer einzelner Häuser von Bethlehem ab. Vom Einbruch der Dunkelheit an bis zu dem mehr als zwei Stunden späteren Aufgang des Mondes wies die Achse des Lichtkegels beständig auf dieselbe Stelle des Horizonts und zeichnete dadurch einen kleinen Teil der Ortschaft, zuletzt vielleicht sogar ein bestimmtes Haus vor den umliegenden aus. Es ergab sich der Anschein, als wäre der Stern selbst stehengeblieben über der Stelle, wo das Kind war ... Den Magiern mußte das wie ein Wunder erscheinen. Der Stern, dessen vorausberechnete Erscheinungen Zeitpunkt und Ziel ihrer Reise entscheidend bestimmt hatten, sandte nun einen Strom seines Lichts herab auf ein unscheinbares Haus ...» (S. 66 f.). So wird uns also diese Hypothese als Tatsache recht eindrucksvoll suggeriert.

Wie kam der Autor auf das bisher noch nie in diesem Zusammenhang erwähnte Zodiakallicht? Er hatte im Zweiten Weltkrieg am 20. Januar 1941 als Soldat ein Erlebnis. 1941, das war das Jahr der ersten dreifachen Konjunktion von Jupiter und Saturn in unserem Jahrhundert. Ferrari befand sich nächtlicherweile auf Postendienst in einsamer Landschaft. Kein Lichtschein weit und breit; auch keine Luftverschmutzung, wie sie uns heute ständig und überallhin begleitet, trübte die Atmosphäre. Der Himmel prangte nach vielen vorausgegangenen trüben Winternächten tiefdunkel und sternbesät. Der Soldat wandte seinen Blick nach oben gegen Südwesten, «wo damals Jupiter und Saturn nicht lange nach ihrem zweiten Stillstand noch nahe beisammen zu sehen waren. Natürlich erinnerte ich mich daran, daß sich eben in diesen Wochen eine ähnliche Planetenbegegnung am Himmel abspielte wie jene [von 7 v. Chr.] ... Jedoch dachte ich nicht im geringsten an das Zodiakallicht, das ja bis dahin noch kein Erklärer des Sterns von Bethlehem in Betracht gezogen hatte. – Um so mehr fühlte ich mich nicht bloß überrascht, sondern geradezu überwältigt von der erstaunlichen Helligkeit des kegelförmigen Lichtscheins, der von Jupiter schräg nach rechts abwärts wie ein leuchtender Strom auszugehen schien ... Vor den horizontnahen, hellsten Partien des Zodiakallichts hoben sich scharf wie in einem Scherenschnitt die Umrisse der Dächer des nächsten Dorfes ab. Ganz spontan kam mir der Gedanke in den Sinn, daß wohl in ähnlicher Weise einst Jupiter als Stern des Messias sein Licht scheinbar über Bethlehem ausgegossen und den Magiern das Ziel ihrer Pilgerfahrt gezeigt haben könnte» (S. 94).

Es ist sehr gut nachzufühlen, daß ein solches Erlebnis tiefen Eindruck macht und den Anschauenden mit der «Gewißheit» erfüllen mag: So ist es gewesen! Das erging Kepler mit seiner Nova so, und so ergeht es jetzt einem modernen Forscher, der in dem intellektuell unbeeinflußten Erlebnis die «Beweiskraft» für die Wahrheit seines Gedankens sieht. Man könnte sagen: Das Geheimnis des Sterns von Bethlehem arbeitet weiter an den Menschenseelen, und in welchen Jahren das geschieht, scheint auch nicht zufällig zu sein.

Wie Ferrari selbst vermerkt, war das Zusammentreffen von Jupiter-Saturn-Konstellation und Zodiakallicht streng wissenschaftlich genommen kein Wunder, sondern «ein rein zufälliges Zusammentreffen ... natürlicher Umstände». Nur wer ungefähr von Norden kam, konnte damals – in dem von ihm angenommenen November 7 v. Chr. – den Jupiter wie einen «Wegweiser» vor sich sehen. «Dann war da das von den Magiern annähernd richtig vorausberechnete fast gleichzeitige Stehenbleiben der beiden Planeten gegenüber dem Sternhintergrund» (dieser sogenannte Sternstillstand ereignet sich, wenn die Planeten in ihrer Schleifenbewegung den Umkehrpunkt erreicht haben, auf den hin sie sich verlangsamen und dann eine Weile gegenüber dem Hintergrund des Fixsternhimmels stillzustehen scheinen). «Ferner kam als notwendige Voraussetzung dafür, daß der Untergangspunkt des Zodiakallichts stundenlang fast an der gleichen Stelle des Horizonts verharrte, die Jahreszeit – um Mitte November – hinzu. Endlich konnte diese zarte Lichterscheinung nur gesehen werden, wenn der Mond spät genug aufging. Aus diesem Grund konnte man nur am 12. November 7 v. Chr. das sich langsam über der gleichen Stelle des Horizonts aufrichtende Zodiakallicht ... ungestört bis 21 Uhr Ortszeit beobachten. Am vorhergehenden Abend hätte es der Mond schon fast eine Stunde früher völlig überstrahlt» (S. 67 f.).

Diese ganze himmlische Veranstaltung kann, wie wir sehen, nur an diesem 12. November vonstatten gehen. Das bezeichnet für Ferrari aber nicht etwa die Geburt Jesu, diese sei vielmehr in der Nacht zum 17. Januar geschehen. Das Kind, das die Könige suchen, ist bereits etwa zehn Monate alt. Der Himmel macht also die ganze Sternveranstaltung lediglich für die Magier, welche aber das Zodiakallicht nicht vorausberechnen konnten, da sich diese Erscheinung ja nicht berechnen läßt. In bezug auf den Geburtstag Jesu selbst gibt es also keine astronomischastrologische Besonderheit. Ferrari versucht vielmehr, dieses Datum aus alten Überlieferungen zu erschließen, ist sich hierbei – wegen der komplizierten Kalendersituation – aber der Unsicherheit bewußt. «Wenn die eben dargelegten Annahmen zutrafen, dann wäre also Jesus in der auf einen Vormittagsvollmond folgenden Nacht zum Samstag, 17. Januar des Jahres 7 v. Chr., gleich dem 15. Tebeth des Jahres 305 der damals in Judäa gebräuchlichen bürgerlichen Seleukiden-Ära in Bethlehem geboren worden»[14] (S. 90).

Alte Weissagungen.
Der geistige Aspekt des Sterns

Im Jahre 1983 gingen durch die Presse Berichte, es hätten verschiedene Forscher das griechisch geschriebene Exemplar des Matthäus-Evangeliums auch auf das Problem des Sternes hin durchgesehen und festgestellt, daß darin ein Wort benutzt wird, das stets einen Einzelstern bezeichnet. Unsicher geworden an einem astronomischen Aspekt, hat man sich gefragt, ob nicht überhaupt nur eine Art Symbol gemeint sei, etwa im Sinne eines «Lebenslichtes».

Damit gelangen wir auf die zweite Spur, auf die Frage: Was war der Stern *geistig*, abgesehen davon, ob und wie er auch physisch in Erscheinung getreten ist? In seinen Vorträgen zum Matthäus-Evangelium spricht Rudolf Steiner am 6. September 1910 über die Wesenheit des Zarathustra oder Zoroaster, der nach hochbedeutenden Vorverkörperungen im 6. Jahrhundert als Zarathas oder Nazarathos im alten Chaldäa gelehrt hat. Seine Schüler waren sowohl chaldäische Magier als auch die Weisesten unter den Hebräern, welche während ihrer babylonischen Gefangenschaft mit ihm in Berührung kommen konnten. Von Zarathas gingen Traditionen, Zeremonien und Kulte aus, welche durch Generationen in chaldäischen, babylonischen, assyrischen und anderen asiatischen Geheimschulen weiter gepflegt wurden, überall da, wo man Zarathustra/Zarathas als großen Meister aufs höchste verehrte. Auch wußte man, daß nach sechshundert Jahren sich Zarathustra wieder verkörpern würde, und man wartete sehnsüchtig auf diesen großen Augenblick.

Als die Magier im Morgenlande aufbrachen, war es «die Wesenheit des großen Lehrers selber, die als der ‹Stern› ... hinführte zur Geburtsstätte des Jesus» des Matthäus-Evangeliums. Sie folgten also seiner Wesens-Ergänzung, dem «Goldstern», Zoroaster, der sie auf ihrem Zuge nach Palästina führte.

Daß eine solche Auffassung für die damalige Zeit nichts Ungewöhnliches war, zeigt sich in vielen alten Überlieferungen. Schon die noch heute gegebenen Erklärungen, es habe der Stern Jupiter als Stern des Götterherrn, des Marduk oder des Gottes Jupiter gegolten, führt auf solche Anschauung hin. Was heißt es, daß ein Stern als Ausdruck eines Gottes angesehen wurde? Es bedeutet doch nichts anderes, als daß man in ihm eine Offenbarung des betreffenden geistigen Wesens erlebte. Die innere Schau, das ehrfürchtige Empfinden einer Götterkraft und der äußere Anblick waren noch eins, spielten ineinander.

Auch in unserem heutigen Sprachgebrauch klingt solche Anschauung noch vielfach nach, wenn zum Beispiel unter «Stern» der Träger der geistigen Seite eines Menschen oder eines Schicksals verstanden wird. «Sein Stern ging unter», sagt man, wenn das Schicksal eines bedeutenden Menschen von seiner Höhe steigt. Oder: Über einem Vorhaben «steht ein guter Stern», wenn man hinweisen will auf die Beteiligung von nicht «machbaren» Einflüssen.

Zu damaliger Zeit wurde Sternwissen zwar vor allem bei den Chaldäern und in den sonstigen Mysterien Asiens gepflegt, aber den Begriff «Stern» im erweiterten, im geistig-bildhaften Sinne verstanden auch die Juden, schlägt diese Metapher doch an bedeutender Stelle in das Alte Testament herein und war somit auch ihnen vertraut, wenn aus ihrer Religion selbst eine solche astrologische Auffassung auch nicht hervorging.

Im 4. Buch Mose (Kap. 22 ff.) wird die bekannte Geschichte von Bileam und seinem Esel erzählt. Der König der Moabiter, Balak, fürchtet die unter Moses heranziehenden Israeliten, die schon die Amoriter besiegt haben. In seiner Angst, ebenfalls unterliegen zu müssen, schickt er Boten zu dem berühmten Seher Bileam in Syrien und bittet ihn, zu kommen und die bedrohenden Feinde zu verfluchen: «Siehe, es ist ein Volk aus Ägypten gezogen, das bedeckt das Angesicht der Erde und liegt gegen mir.»

Bileam erhält aber von seinem Gott nächtlich die Weisung, dem Wunsch Balaks nicht zu entsprechen. Doch Balak sendet erneut vornehme Männer mit großen Geschenken; da rät Gott dem Seher, nun zwar mitzugehen, «doch was ich dir sagen werde, das tu».

Bileam sattelt daraufhin seine Eselin und reitet mit den Boten. Aber ein Engel stellt sich ihm immer wieder in den Weg. Bileam sieht ihn nicht, aber seine Eselin. Sie versucht auszuweichen, bockt und fällt schließlich sogar auf die Knie, aber Bileam, der ihr Gebaren nicht versteht, schlägt sie und treibt sie weiter. Bis auch ihm schließlich die Augen aufgehen und der Engel ihn wieder ermahnt, nur zu reden, was er ihm sagen werde.

König Balak und Bileam errichten auf dem Berge des Gottes Baal sieben Altäre und stellen Opfertiere bereit, aber der Gott Bileams ist damit nicht zu beeindrucken. Balak zieht mit Bileam und viel Volks an einen anderen Ort, aber auch dort ist Bileams Gott nicht zu bewegen, dem Seher den Fluch wider die Israeliten zu erlauben. Er verwandelt sich vielmehr in seinem Munde zum Lobpreis. Und immer spricht er von der Doppelheit Jakob und Israel. «Denn es ist kein Zauberer in Jakob und kein Wahrsager in Israel. Zu seiner Zeit wird man von Jakob sagen, und von Israel, welche Wunder Gott tut.»

Und zum dritten Male zieht Balak mit Bileam an einen neuen Platz und errichtet immer neu sieben Altäre und bringt Opfer. Bileam schaut nun hinaus in die Wüste und sieht die Stämme Israels dort lagern. Und da der Geist Gottes über ihn kommt, hebt er an zu einem großen Segensspruch. Wieder heißt es darin: «Wie fein sind deine Hütten, Jakob, und deine Wohnungen, Israel.»

Balak ist entsetzt, daß Bileam segnet, statt zu fluchen, aber der Seher kann nicht anders reden, als Gott ihm eingibt. Und es fallen dann die vielzitierten Worte: «Ich werde ihn sehen, aber nicht jetzt, ich werde ihn schauen, aber nicht von Nahem. Es wird ein Stern aus Jakob aufgehen und ein Zepter aus Israel aufkommen und wird zerschmettern die Fürsten der Moabiter und verstören alle Kinder Seths.»

Diese Prophezeiung, die noch sehr viel ausführlicher ist, wird auf Israels besondere Mission und auf das Kommen des Messias gedeutet. Es wird damit die erste derartige Prophezeiung, die es in der Bibel gibt, von einem Heiden ausgesprochen, der, gewissermaßen wider Willen, Jakob und Israel eine große Zukunft voraussagt.

Ob die immer wiederholte Doppelheit «Jakob und Israel» auf eine zweifache Messias-Erwartung gedeutet werden kann, ist eine Frage. Später, als das Volk seßhaft geworden war, fand eine Teilung statt in das Nordreich Israel mit der Hauptstadt Samaria und das Südreich Judäa mit Jerusalem, aber das geschah erst im Jahre 926. Zur Zeit Bileams war Israel der Gesamtname für die «Israeliten», einschließlich des Stammes Juda.

Israel (Streiter Gottes) war der Ehrenname, den Jakob nach seinem Kampf mit dem Engel von diesem erhielt (1. Moses, 32, 28). Also waren Israel und Jakob eigentlich Synonyme, sie bedeuteten das gleiche. Wenn man es so sieht, kann der Ausspruch von Stern und von Zepter nicht auf zwei Messiasse gedeutet werden. Zumal man denken müßte, daß eigentlich beides, sowohl Stern wie Zepter, dem salomonischen Jesus aus der Königslinie zukommt. Ob in der Seherseele des Bileam doch etwas von einer doppelt bestimmten Messias-Zukunft aufgeleuchtet ist, muß offen bleiben.

Der Grund, weshalb hier an dieser Stelle davon gesprochen wird, ist die Erwähnung des *Sternes,* der in der Weissagung vorkommt. Er ist deutlich nicht als astronomisches Ereignis gemeint, denn ein astronomisch gesehener Stern kann nicht «aus Jakob aufgehen». Er ist eine Metapher für eine bedeutende Inkarnation, für einen Menschheitsführer oder gar Messias, dessen Wirksamkeit viele Länder überstrahlen wird.

Die Zarathustra-Wiedergeburt nach 600 Jahren

Die Aussage Rudolf Steiners, daß die Schüler des chaldäischen Nazarathos auf seine Wiederkunft in 600 Jahren und auf das Erscheinen des Sterns vorbereitet waren, findet in alten Überlieferungen, die noch auf uns gekommen sind, mehrfache Bestätigung. Im arabischen *Kindheits-Evangelium Jesu* (apokryph) wird gesagt, daß, als Jesus geboren war, die Magier aus dem Orient kamen, «so wie es Zarathustra vorhergesagt hatte».

In der *Geschichte der Dynastien* von Bar-Hebräus, einem syrischen Naturgelehrten und jakobitischen Bischof (1226–1286) heißt es: «Zu dieser Zeit lebte Zorodasht, der Lehrer der Sekte der Magier, der aus der Gegend von Aserbeidschan oder aus Assyrien stammte. Man sagt, er sei ein Schüler des Propheten Elias gewesen. Dieser belehrte die Perser über das Kommen Christi und befahl ihnen, ihm Geschenke darzubringen. Er verkündete ihnen: In den letzten Zeiten wird eine Jungfrau ein Kind empfangen, und wenn es geboren wird, so wird ein *Stern* erscheinen, der am Tage leuchtet und in dessen Mitte die Gestalt einer Jungfrau sichtbar ist. Ihr aber, meine Kinder, sollt vor allen Völkern sein Kommen bemerken. Wenn ihr also jenen Stern erblickt, so macht euch auf, wohin er euch führt, und bringt dem Kind anbetend eure Gaben dar. Das Kind ist das ‹Wort›, das den Himmel gegründet hat» (zitiert nach Bock, *Kindheit und Jugend Jesu*, S. 72).

Für die Bekanntheit dieser Prophezeiung künden Bilder des Mittelalters bis hin zur Renaissance, die im Stern Maria mit dem Kind zeigen.

Ebenso bekannt war einstmals das Buch *Die Biene* von dem syrisch-nestorianischen Metropoliten Mar Salomon, der wie Bar-Hebräus im 13. Jahrhundert gelebt hat. Darin findet sich: «Die Weissagung des Zaradoscht über unseren Herrn:

Als er am Wasserbrunnen zu Chorin saß, sprach er zu seinen Schülern, dem Könige Gushnasaph und Sasan und Mahimad: Höret zu, meine geliebten Kinder, daß ich euch offenbare das Geheimnis des großen Königs, der in der Welt aufstehen wird am Ende der Zeiten. Ein Kind wird empfangen im Schoße einer Jungfrau ... Und die Bewohner jenes Landes werden ihn bekämpfen, um ihn auszurotten von der Erde, aber es wird ihnen nicht gelingen. Dann werden sie ihn ergreifen und an ein hölzernes Kreuz schlagen. Und Himmel und Erde werden Leid tragen um seinetwillen ... Er wird hinabsteigen in die Tiefen der Erde und aus der Tiefe wird er auffahren in die Höhe. Dann wird er kommen mit den Heerscharen des Lichtes und wird auf weißen Wolken einherfahren, denn er ist das Kind, das empfangen wurde durch das ‹Wort›, den Erschaffer aller Wesen.

Gushnasaph sprach zu ihm: Woher hat der, von dem du redest, seine Macht? Ist er größer als du, oder bist du größer als er?

Zaradoscht antwortete: Von meinem Stamme wird er sein. Ich bin er und er ist ich. Er ist in mir und ich in ihm. Und wenn der Anfang seines Kommens offenbar werden wird, so werden große Zeichen am Himmel erscheinen, und sein Glanz wird den Glanz des Himmels übertreffen. Ihr aber, Kinder aus dem Samen des Lebens ... euch gebührt es, zu wachen und acht zu haben auf das, was ich euch gesagt habe, und zu warten auf die Verheißung. Denn ihr sollt das Kommen dieses großen Königs zuerst bemerken ... Und wenn jener Stern aufgeht, von dem ich euch sprach, so sollt ihr Gesandte senden, die mit Geschenken beladen sind, um ihn anzubeten ... Denn dieser König ist der König der Könige, und alle Könige empfangen von ihm die Kronen. Und ich und er, wir sind eins»[15] (zitiert nach Bock, S. 72 f.).

Selbst bis zum Verfasser des *Heliand*, der im alten Sachsenlande, hoch im germanischen Norden Mitteleuropas, um 820 das Neue Testament in eine für die Germanen faßbare Sprache und Ausdrucksform übertrug, ist die Überlieferung von dem weisen Ahnherrn im fernen Osten gedrungen, der kurz vor seinem Tode seinen Nachfahren die Prophezeiung gegeben hatte:

«... daß kommen solle ein weiser König, mächtig und märenreich, nach Mittelgart her, von höchster Geburt, sagte, es wäre des Herren Sohn, sagte, daß er in dieser Welt walten solle immer, ewige Zeiten ... sagte, daß am selben Tage, wo das selige Kind zu Mittelgarts Welt die Mutter brächte, daß von Osten dann aufleuchten solle ein heller Himmelsstern, so wie bisher es noch nie zwischen Erde und Himmel einen andern gegeben, weder solch ein Kind noch solch ein Kennzeichen. Er hieß da kommen zur Anbetung drei Männer aus diesem Volk. Hieß sie drauf merken wohl, sobald sie im Osten aufgehen sähen das glänzende Gotteszeichen, hieß sie sogleich sich rüsten, befahl, daß sie ihm folgten, wenn es vor uns zöge nach Westen über diese Welt.»

Im *Heliand* erzählen dies alles die drei Magier dem König Herodes auf seine Frage, woher sie kämen und was sie suchten. Und sie schließen mit den Worten:

«Nun ist es alles wahrlich so gekommen durch seine Kraft, der König ist erschienen, wir sahen seinen Stern leuchten hell unter den Himmelslichtern, wie ich es weiß, daß der heilige König selber ihn uns sandte. Wir sahen ihn morgens strahlen, diesen Stern, und wir gingen stets nach diesem Zeichen ... daß wir ihn selber sähen ... sag uns, wie wir nun zu ihm kommen mögen.»

In einem Vortrag vom 23. Dezember 1920 spricht Rudolf Steiner über die Doppelheit der Hirten- und der Königsverkündigung. Zweierlei Arten von Menschen sind die Repräsentanten der Gesamtmenschheit.

Während bei den Hirten aus der Tiefe der Seele jene Fähigkeit aufsteigt, durch welche sie – ohne irgendwelche Weisheit – das Geheimnis der Weihnacht erfassen können, ergibt sich für die Magier dieselbe Offenbarung aus der Vollendung der alten Weisheit, die bisher in den Mysterien hat gepflegt werden können. Die Magier waren fähig, «aus ihrer Enträtselung der Raumesgeheimnisse schauend zu berechnen, in dieser Nacht wird der Heiland geboren». Unsere heutigen Astronomen, «die Nachfolger jener Astrologen», berechnen «lediglich noch die zukünftige Sonnen- und Mondfinsternis oder ähnliches». Keine Voraussicht dieser Art aber führt hin, «den für die Menschen notwendigen Gang der Welt zu begreifen, wie das gekonnt hat die Weisheit, die Sternenweisheit der Magier aus dem Morgenlande» (GA 202).

Das Erkennen der Jesusgeburt, das den Weisen möglich wurde, wird hier als «ein höchster Aufstieg» zu ihrer Weisheit bezeichnet. Das heißt, es kulminiert, es leuchtet das alte Sternwissen selbst in seiner letzten höchsten Kraft auf, um erkennend die Geburt einer neuen Zeit aufzufangen, die für das alte Hellsehen den Untergang bringen wird.

Oder umgekehrt: Die alten Kräfte sind am Verlöschen. Es würde dunkel auf der Erde werden. Auch was große Individualitäten wie Zarathustra der Menschheit gebracht haben, ist aufgebraucht. Zarathustra muß jetzt wiederkommen, wiederkommen zu einer letzten großen Opfertat, indem er sich selbst zum Träger desjenigen hergibt, welcher der Menschheit neuen Auftrieb, neue Zukunftskräfte bringen kann. Mit dieser seiner neuen Inkarnation trägt Zarathustra gleichzeitig das Christuslicht herein. Indem sein eigener Wesensstern aufleuchtet, glänzt auch der Christus auf. Zarathustra wird sich als Seelenhülle – in der er alles gesammelt und alles so hoch entwickelt hat, wie es auf Erden menschenmöglich ist – dem kosmischen Christusgeist als Instrument und Schale hingeben. Denn der Einschlag des Christuswesens bei der Taufe im Jordan muß nicht nur einen physischen Leib, er muß auch einen Astralleib, eine Seelenhülle vorfinden, die ihm seine Erdenmission möglich macht. Die Bedingungen der irdischen Inkarnation müssen ganz erfüllt sein. Das Instrument des Körpers und der Seele muß so geartet sein, daß es wenigstens die notwendigen drei Jahre hindurch die Gewalt des Christusfeuers in sich ertragen kann.

So ist der Zarathustra-Stern gleichzeitig Träger des Christus-Sternes. Doppelte Verkündigung strahlt den Magiern aus ihm zu. Aber darauf waren sie gefaßt durch die alte Prophezeiung: «Ich bin Er und Er ist Ich. Er ist in Mir und ich in Ihm. Und ich und Er sind eins.»

Die Seele als Stern – der Leib als Grotte

In seinem wohl ersten und auch ausführlichsten Vortrag zum Dreikönigsfest im Dezember 1904 geht Rudolf Steiner auf die esoterischen Hintergründe des 6. Januar ein. Hier sagt er über den Aspekt des Sterns: «Was den Magiern leuchtet, ist nichts anderes als die Seele des Christus selbst.»

Dann fragt er, wann man eine Seele als Stern zu sehen vermag. «Wenn man sie als leuchtende Aura wahrnehmen kann», ist seine Antwort. «Welche Aura aber leuchtet so, daß sie führen kann?» fragt er weiter, denn gewöhnliche Auren bringen nur glimmendes, mattes Licht hervor. Es gibt Steigerungen, die aber auch nicht ausreichen. Wirklich «führen» gleich einem Stern kann nur die Aura, die von der «Budhi», der höheren Liebe, ganz durchglänzt ist. Einer Liebe, die es bis dahin in der Welt nicht gegeben hat, die höher ist als die leibgebundenen Liebeskräfte. Als «Glorie», die im Läuterungsfeuer gereinigt ist, geht dann «Kama», die egoistische, die Leidenschafts-Liebekraft auf. «Der erste Bringer der egoismusfreien Liebe ist nun Christus, der in Jesus von Nazareth erscheinen sollte.»

Der Hinweis auf die Auren macht uns schon bemerkbar, daß hier vom Gesichtspunkt des Hellsehens aus gesprochen wird, denn nur mit übersinnlichem Schauen kann man Auren wahrnehmen. In der astralen Welt lassen sie sich auffinden. Der physische Leib aber erscheint als Grotte, als dunkle, bergende Höhle. Die Wahrnehmung der Magier: *Der Stern erstrahlt über der Grotte von Bethlehem*, bedeutet in der Eingeweihtensprache, daß die Zarathustra-Christus-Seele sich dort verkörpert hat.

«So leuchtet da tatsächlich die Christusseele als ein aurischer Stern, und der führt die Initiierten .... nach Bethlehem.»

Auch in seinen Lichtbilder-Vorträgen erwähnt Rudolf Steiner, daß die Magier «an den sich verkündenden Christus», der sich in «dem Zarathustra-Jesus heranentwickelt», herankommen «unter dem Einfluß des Sternes – das heißt ja nichts anderes, als unter dem Einfluß desjenigen, was aus dem Kosmos geoffenbart wird.» Er hatte damals im Saal eine Bilddarstellung aufstellen lassen – eine vergrößerte Skizze aus einem alten Evangelienbuche –, «die direkt eine Anbetung des Sternes mit dem

12. Anbetung der Könige. Initiale im Graduale «De tempore» Friedrich Zollners (Stiftsbibliothek Neustift/Brixen)

Hereinkommen der Christus-Jesus-Seele bedeutet» (Vortrag vom 2. Januar 1917; GA 292).

Welche Skizze damals aufgestellt wurde, weiß man nicht, aber wir können hier eine Buchmalerei ähnlicher Art abbilden (Abb. 12). Auch hier erscheint die herankommende Christus-Jesus-Seele mit Kreuzaura und Weltenapfel den Königen im Stern.

Es gehen solche Darstellungen vermutlich zurück auf das Legendengut, das Jacobus von Voragine um das Jahr 1293 gesammelt und veröffentlicht hat. Dieses Buch, die *Legenda aurea*, die Goldene Legende, ist Zeugnis eines noch mehr imaginativen Denkens, das in Bildern – und nicht abstrakt – ein Thema umkreist und dabei immer neue bildhafte Formulierungen findet. So werden auch die Ereignisse der Geburt und Kindheit Jesu mit vielen Legenden umspielt.

Heute sieht man das als blühende religiöse Phantasie an, die sich oft widerspricht und der kein Realitätswert zugemessen wird, aber jahrhundertelang hat man das anders verstanden und nur zu gerne in dieser beweglichen seelischen Bildersprache mitgelebt. Die christliche Kunst ist voll von den Spuren dessen, was in der *Legenda aurea* gesammelt ist. Dieses Buch übertraf an Beliebtheit noch die Bibel, und so gab man ihm auch den Ehrentitel *Goldene* Legende. Viele dieser «Legenden» gehen auf sehr alte christliche Überlieferungen zurück, das heißt, es spielt noch alte Weisheit – wie Goldkörner blinkend – in das herein, was oft nur noch als Bruchstück oder einzelner Satz von Jacobus wiedergegeben werden kann.

Richard Benz, der Übersetzer des Buches vom Lateinischen ins Deutsche, nennt die Legenden «Sinnbilder des Geistes».

Zum Thema des Sternes steht geschrieben:

«Es erzählen etliche, als Chrysostomus[16] schreibet, daß an dem Tage den Magiern, da sie auf einem Berge beteten, ein Stern erschien in eines schönen Kindleins Gestalt, ob des Haupt leuchtete ein Kreuz. Und das Kind sprach zu ihnen: ‹Machet euch auf nach Judaea, da findet ihr das Kindlein geboren.›»

Das will der Künstler unserer Buchmalerei offensichtlich darstellen: Im Gebirge beten die Könige und sehen den Stern, rechts sitzen sie bereits auf Pferden und machen sich auf den Weg, und unten ist die Botschaft erfüllt und sie beten an.

Nach diesem Text zum Thema Stern heißt es bei Voragine noch: «Auch erschienen desselbigen Tages drei Sonnen im Orient, die gingen bald zusammen zu einer Sonne, zum Zeichen, daß der Welt nahete die Erkenntnis der Dreifaltigkeit in einem Wesen; oder daß der eine geboren sei, in dem diese drei: Seele, Leib, Gottheit, zu einer Person waren gekommen. Doch heißt es in der Historia Scholastica, daß die drei Sonnen nicht erschienen seien an diesem Tag, sondern etliche Zeit zuvor nach dem Tode des Julius Cäsar, das bezeugt auch Eusebius in seiner Chronica.»

Für Darstellungen, die im Stern eine Jungfrau mit Kind zeigen, mag aus der *Geschichte der Dynastien* die erwähnte Stelle als Vorbild gedient haben oder in der *Goldenen Legende* die Stelle, die kurz nach dem eben Geschilderten folgt.

Sie erzählt, Papst Innocenz III. schreibe, daß Kaiser Octavianus (Augustus) von den Senatoren bestürmt wurde, sich die Göttlichkeit zuzulegen; aber der Kaiser zögerte. Schließlich berief er eine Sibylle, die ihm sagen sollte, ob je ein Mensch auf Erden geboren werden würde, der größer sei als er. Am Tag der Geburt in Palästina hatte die Sibylle eine

Schauung: Es erschien um Mittag ein goldener Kreis um die Sonne «und mitten in dem Kreis die allerschönste Jungfrau, die stand über einem Altar und hielt ein Kind auf ihrem Schoß ... Dies wies die Sibylle dem Kaiser. Und da der Kaiser über das Gesicht sich sehr verwunderte, hörte er eine Stimme, die sprach: ‹Dies ist ein Altar des Himmels.› Und die Sibylle sprach zu ihm: ‹Dies Kind, Kaiser, ist größer denn du, darum sollst du es anbeten.›» Die Kammer, in welcher die Sibylle die Schauung hatte, wurde zur Ehre der Jungfrau geweiht «und heißet noch jetzt Sancta Maria in Ara Coeli».

Auch wenn wir an das Thema der *Grotte* denken, werden viele Darstellungen der alten Kunst neu beleuchtet durch das, was von Rudolf Steiner eben zitiert wurde. Wenn nämlich die Könige Maria finden, anbetend in einer Grotte oder Felsenhöhle (wie es fast ausschließlich bei lukanischen Geburtsdarstellungen geschieht; dort befindet sich der Stall meist in einer Höhle – was aber zur Anbetung der *Könige* nicht paßt, die in einem Hause einkehrten), so muß das gar nicht naturalistisch-äußerlich aufgefaßt werden, sondern kann gemeint sein im Nachklingen des alten Wissens, das ja so erstaunlich lange noch in die Kunst hereinleuchtet. Heute sind diese Überlieferungen zum Teil gänzlich verloren; wo aber Rudolf Steiner sie aus neu belebter, eigener Geistesschau als Faktum wiederfindet, bietet sich uns die Möglichkeit, mit alten Überlieferungen zu vergleichen beziehungsweise diese neu zu verstehen.

So hat Taddeo di Bartolo (1362 bis 1422 in Siena) eine Königsanbetung gemalt (Abb. 13), bei der eine Felsengrotte, leuchtend in geheimnisvollem und ganz unrealistischem Blau, die Heilige Familie umschließt. Der Stern steht ganz nah über dem Kind, ist in die Grotte herabgekommen, so daß man den Bezug zwischen Stern und Inkarnation deutlich spürt. Und die Könige, in Überraschung, Freude und Andacht, kommen in eilender Bewegung herbei. Der erste liegt schon auf den Knien und küßt die Füße des Kindes, der zweite – mit großem Schritt und vorgebeugt – wartet sehnlichst, auch in dessen Nähe zu kommen; der hinterste, noch stehend, aber schon leicht geneigt, kreuzt die Arme über der Brust, da sein Blick schon zum Kinde hinfindet. Künstlerisch schön ist diese Staffelung von oben nach unten, die eilende Bewegung und die konzentrierten Blicke, die alle zum Kinde hinstreben, während die Gefolgschaft innerlich und äußerlich wenig Bewegung zeigt und auch kaum individualisiert ist.

Der von links heranströmenden Bewegung beugt sich Joseph von

13. Taddeo di Bartolo, Anbetung der Weisen (Pinacoteca Nazionale, Siena)

rechts mit konzentriertem Blick entgegen. Es ist kein lukanischer Joseph, der sich bescheiden auf einen Stab gestützt im Hintergrund hält. Joseph ist ein vornehmer Mann mit einem intelligenten Gesicht und gleichfalls einer Hauptesaura. Krone und Geschenk des ersten Königs liegen am Boden vor der Grotte.

Noch geradezu drastisch-deutlicher zeigt eine armenische «Geburt Christi» (1591, Jakobuskirche in Jerusalem; Abb. 14) mit dem aus Weltenhöhen herabschießenden Stern, wie er nun direkt in der Höhle bei dem Kinde angekommen ist, als sei er kurz davor, sich mit ihm zu vereinigen. Ein Vorgang, den Engel und Könige wahrnehmen.

Ein anderes Beispiel für das Finden des salomonischen Jesus in einer Grotte ist Mantegnas (1431 bis 1506) prächtiges Bild in den Uffizien in Florenz (Abb. 15).

Ein steiler Felsenpfad führt abwärts zu einer gewaltig aufgetürmten Höhle, in deren Dunkel Maria mit dem Kinde sitzt. Goldene und rote Engelkinder in blauen Wölkchen umgeben sie wie die Lehne eines Thrones. Der Stern steht nah über dem Felsen und wird von vier größeren

14. Geburt Christi, aus dem Khatchatur-Menologion
(Jakobuskirche des armenischen Klosters, Jerusalem)

15. Andrea Mantegna, *Anbetung der Könige*
(Uffizien, Florenz)

Engeln umschwebt. Sein Strahl schießt pfeilgerade herab und deutet auf Mutter und Kind. Die Dreiheit der Könige im Vordergrund ist begleitet von einem bunten orientalischen Zug mit beladenen Kamelen. Diese erzählende Vielfalt beeinträchtigt etwas die Konzentration auf das Ereignis. Es wird alles recht äußerlich, während man bei Taddeo noch stärker die Nähe des Hintergrundes spüren kann, von dem Rudolf Steiner spricht.

Wie ein großes Symbolon für das Geheimnis der Geburt – als des Hineinsenkens in eine Grotte – steht auf manchen Bildern der Ikonen-Strömung der sogenannte «Weltenberg».[17] Meist ist er ein hoch aufgetürmter Felsen oder eben ein grüner Berg, wie auf dem Beispiel der Ikone aus Sofia (Abb. 16). In ihm öffnet sich eine Höhle, und darin liegt das Kind. Maria liegt meist davor, und Joseph befindet sich ganz außerhalb. Aber das variiert. In unserem Beispiel ist die ganze heilige Familie von der Höhle umschlossen, und der Stern, der meist von oben her einstrahlt, ist mit in die Höhle gesunken. Von einer Seite nahen sich dem Weltenberg, der die Grotte in sich birgt (und damit gewissermaßen das zentrale Geheimnis unserer Welt) die Könige, von der anderen die Hirten. Diese Chiffre der Einkörperung steht für beide Geburten, für die Erfüllung der Sehnsucht, die auf verschiedenen Wegen heranzieht. Und wenn wir das Gewicht auf Verleiblichung legen, so ist es ja tatsächlich das *eine* Kind, dessen Leiblichkeit von der Geburt bis zum Kreuzestod getragen wird. Das differenzierte Geheimnis ist, daß diesen Leib im zwölften Jahre die Zarathustra-Individualität und bei der Jordantaufe der Christus ergreifen wird.

In Zusammenhang mit der Apokalypse spricht Rudolf Steiner davon, daß Höhle eine Metapher für Geheimnis, für Mysterion ist. In der Grotte des Weltenberges drückt sich beides aus. Diese Geburt ist das größte Geheimnis der Erdentwicklung.[18]

16. Christgeburt, Ikone
(Sofia/Bulgarien)

Erinnerung an vorgeburtliches Erleben

Im gleichen Zyklus, aus dem wir den Vortrag vom 23. Dezember 1920 betrachtet hatten, weist Rudolf Steiner zwei Tage später, am 25. Dezember, noch auf eine andere Fähigkeit der Magier hin:
«Und jene alte Fähigkeit des magischen Schauens, die also die Weisen aus dem Morgenlande ... noch zeigten, das war im wesentlichen eine Fähigkeit, die besonders stark hereindrang in den Menschen aus der Zeit zwischen dem Tode und der Geburt, also eine vorgeburtliche Fähigkeit. Das, was da innerhalb der Sternenwelt die Seele vor der Geburt erlebte, das wurde aufgeweckt zu einer besonderen Fähigkeit bei denen, die Schüler der Magier wurden.»

Und aus der *Erhöhung* der Erkenntnisse, die geboren wurden aus der Erinnerung an die Erlebnisse zwischen Tod und neuer Geburt, konnten sie zur Anschauung kommen: «Da, aus dieser Welt, der unser Leben zwischen der Geburt und dem Tode zunächst nicht angehört, der aber angehört unser Leben zwischen dem Tode und einer neuen Geburt, aus der begibt sich ein Wesen, der Christus, zur Erde herunter». Was einst Astrologie war, hatte eine solche Kraft in sich, «daß sich als Himmelswesen für die Magier durch diese Erkenntnis enthüllte der Christus» (GA 202).

Auch am 1. Januar 1921 führt er das Thema noch fort. Dort heißt es: «Dieses Wissen um die Welt, die der Mensch durchlebt, bevor er die Erde betritt, war in einem letzten Rest bei den Magiern aus dem Morgenland vorhanden; durch das erkannten sie das Herannahen der Christus-Wesenheit» (GA 203).

Dies alles kann hier nur sehr kurz referiert werden und bedürfte seitens des interessierten Lesers eines genaueren Studiums anhand der angeführten Werke Rudolf Steiners. Es handelt sich dabei wie angedeutet auch immer um eine Gegenüberstellung der Magier- mit der Hirtenweisheit und eine Darstellung, was aus diesen alten Fähigkeiten in unserer Zeit geworden ist und wie die Entwicklung weitergehen müßte.

Sternbild der Jungfrau und Sternbild der Zwillinge

Erinnern wir uns aber nochmals der Ausführungen Rudolf Steiners im Vortrag vom 23. Dezember 1920. Dort wird auch gesprochen von einer alten Art, die Himmelssphäre darzustellen, die schon den persischen Magiern eigen war:

«Sie sahen hinauf zum Himmel, sahen im Tierkreis physisch jenes Sternbild, das man die Jungfrau nennt, und sie haben geistig in dieses Sternbild hineingesehen dasjenige, was physisch nur im Sternbild der Zwillinge zu bemerken ist.

Sie hat sich erhalten, diese Weisheit, die so im Menschen lebte, daß der Mensch den Zusammenklang vernehmen, bemerken konnte zwischen dem Sternbilde der Jungfrau und dem im rechten Winkel dazu, im Quadranten stehenden Sternbilde, jenem der Zwillinge. So wurde es dargestellt, daß an die Stelle des Sternbildes der Jungfrau die Jungfrau mit dem Ährenzweige, aber auch mit dem Kinde dargestellt wurde, das nur der Repräsentant der Zwillinge ist, der Repräsentant der Jesusknaben. Insbesondere war dies eine astrologische Anschauung in der Perserzeit» (GA 202).

Es handelt sich hier um die urpersische Epoche, die vor der ägyptisch-chaldäischen lag und in welcher Zarathustra geistig führend war. Diese Zeit stand selbst unter dem Sternbild der Zwillinge und hatte für das Erfassen der Welt in Doppelheiten (Hell-Dunkel, Ormuzd-Ahriman) einen besonderen Sinn. Wie Rudolf Steiner hier anklingen läßt, war aus den Sternen bereits in dieser Zeit eine Prophetie auf die zwei Jesusknaben abzulesen.

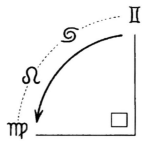

Diese Angabe ist offenbar auch für Astronomen erstaunlich. Walther Bühler nennt sie (zunächst) «sehr rätselhaft», weil die Quadrantenstellungen sonst nicht besonders gewertet werden und nicht einzusehen ist, warum nicht ein im Trigon oder gegenüberstehendes Sternbild ebensogut beachtet werden könnte. Aber dieser Hinweis Rudolf Steiners brachte ihn auf einen Gedanken. Er lenkte sein Augenmerk nun auf die *Quadratur* der Großen Konjunktion von Jupiter und Saturn im Jahre 7 v. Chr. Und siehe da, diese Quadratur fiel in das Jahr 1 v. Chr., also in das Geburtsjahr der Jesusknaben. Und sie fand in den Sternbildern Zwillinge und Jungfrau statt.

«Bereits in der zweiten Hälfte des Jahres 2 v. Chr. waren der langsame Saturn in das Sternbild Zwillinge und der voraneilende Jupiter in das in Quadratur dazu stehende Sternbild Jungfrau eingetreten. Wann aber trat die jetzt zu erwartende exakte Quadratur beider Planeten ein? Die genaue Beobachtung ihres Sternenlaufs führt zu einer überraschenden Feststellung: Die Quadratur wiederholte sich dreimal! Die erste Quadraturstellung fand bereits Mitte Oktober im Jahre 2 v. Chr. (bei rückläufigem Saturn) statt. Die zweite ereignete sich Anfang April (bei rückläufigem Jupiter) und die dritte in der zweiten Augusthälfte des Jahres 1 v. Chr. (in Rechtläufigkeit beider Planeten). Die Geburt des salomonischen Jesusknaben und der Kindermord von Bethlehem fielen also mitten in die Zeit zweier Quadraturen von Saturn und Jupiter! ... Die beiden Großplaneten ... markieren also gerade im Jahre der Jesusgeburt diejenigen zwei Sternbilder, deren Geheimnis den Sternenweisen durch die Überlieferung bekannt war. Auch war der Stand ihrer astronomischen Berechnungstechnik sicher so weit, daß sie schon im Jahre 7 v. Chr. Ort und Zeitpunkt dieser Quadraturstellung vorausberechnen konnten. Hinzu kommt die astronomische Tatsache, daß erstmals seit 25.000 Jahren die äußerlich sichtbaren *Sternbilder* und die dem Jahreszeitenorganismus der Erde eingeprägten *Tierkreiszeichen* zusammenfielen, was zur Zeitenwende natürlich auch für Bild und Zeichen von Zwillinge und Jungfrau galt. Dieses Zusammenstimmen, das erst nach Ablauf eines platonischen Weltenjahres [25.920 Jahre = Umlaufzeit des Frühlingspunktes] wiederum eintreten kann, betont ebenfalls die Bedeutung der dreifachen Konjunktion und des Quadraturgefüges von Zwillinge und Jungfrau [...] Nach der dritten Quadratur von Saturn und Jupiter im Sommer des Jahres 1 v. Chr. löste sich diese [...] Konstellation rasch auf. Die Geburt des Jesus aus der nathanischen Linie in der Weihnachtszeit des Jahres 1 v. Chr. fiel in die Zeit des harmonischen trigonalen Zusammenklangs beider Planeten ...» (Bühler, S. 75 f.).

Eine ganz besondere Betonung von Jungfrau und Zwillingen zeichnet so das Jahr der Zeitenwende aus. Und auch hierbei wird der lukanische Jesus kosmisch anders «behandelt» als der Zarathustra-Jesus. Wie auf Erden, so ist er auch am Himmel außerhalb der gefährlichen Quadrantenstellungen. Das alles ergänzt die Schicksalsfigur dieses Jahres.

Der rhythmische Stern

Walther Bühler, der die Bedeutsamkeit der Konjunktion durchaus einsah und der, wie wir gesehen haben, die Quadratur von Zwillinge und Jungfrau in den Jahren zwei und eins entdeckt hat, bewegte jedoch in bezug auf den *Stern* noch einen besonderen Gedanken. Er betrachtete den *Rhythmus* der Großen Konjunktion Jupiter/Saturn im Zeitengange durch den Tierkreis. Wenn sich die Konjunktionen nach knapp zwanzig Jahren wiederholen, werden dabei jeweils drei Sternbilder übersprungen. Nach sechzig Jahren entsteht im Rund des Tierkreises ein Dreieck (das an den Spitzen fast geschlossen ist), wenn man die einzelnen Konjunktionsstellen verbindet: das Trigon der Großen Konjunktionen.

«Sein Regelmaß und seine noch zu besprechende Wanderung im Tierkreis war es, die den jungen Kepler so tief beeindruckte» (Bühler, S. 40). Zweihundert Jahre lang findet die Große Konjunktion in denselben Sternbildern statt. Die Dreiecksspitzen wandern nach jeweils sechzig Jahren um etwa acht Grad. Kepler schrieb über das Phänomen ein «Gutachten über das feurige Trigon 1603», denn damals trafen Jupiter und Saturn im sogenannten «Feurigen Triangel» zusammen, das gebildet wird aus den drei «hitzigen» Zeichen Widder, Löwe und Schütze.

Nun entspricht jeder Konjunktion, das heißt dem engsten Zusammenstehen zweier Planeten, nach rund zehn Jahren ihr weitester Abstand, die sogenannte Oppositionsstellung. «Verfolgen wir jetzt – über Kepler hinausgehend – im ganzheitlichen und zugleich rhythmischen Sinne dieses Wechselspiel in der 60jährigen Trigonperiode, so kommen wir zu einem überraschenden Ergebnis ... Dem Trigon der Großen Konjunktion webt sich ein neues Trigon der Oppositionsstellungen des beweglicheren Jupiters in harmonischer Weise ein. Der gleichsam konservative Saturn hingegen befestigt das Konjunktionstrigon mit einem zweiten Trigon seiner Oppositionsstellungen in den gleichen Sternbildern ... Die *Zusammenschau* der polaren Konstellationen in der 60jährigen Konjunktionsperiode ergibt einen Sechsstern, ein kosmisches Hexagramm» (Bühler, S. 42, 44).

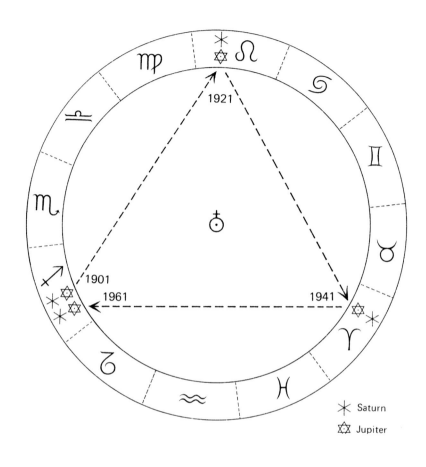

Trigon der sich alle 19,86 Jahre wiederholenden Konjunktionen von Saturn und Jupiter, das sich in 60 Jahren bildet.
Abb. aus Bühler, Der Stern der Weisen, S. 39.

Die je drei zusammengehörenden Konjunktions- und Oppositionsorte von Saturn und Jupiter. Die beiden polaren Trigonstellungen verweben sich im Rhythmus von 60 Jahren zu einem Hexagramm. Abb. aus Bühler, Der Stern der Weisen, S. 43.

Dieses aus polaren Konstellationen sich verwebende, räumlich-zeitliche Sternendiagramm «darf als Gestirn oder als ein ‹Stern höherer Ordnung› bezeichnet werden. Als ‹neuer Stern› ist er einer *Nova* auf einer anderen Ebene vergleichbar ... Dieser unsichtbare ‹Stern› begleitet die Menschheit in seinem Rhythmengang durch Jahrtausende ... Er ist immer gegenwärtige, uns umwebende und durchklingende Sternendynamik» (Bühler, S. 45). Verbindet man das nun mit dem Gedanken, daß alle die berechenbaren Sternenbewegungen «Ausdruck der Taten bewußter, schöpferischer Wesenheiten» sind, die sich seit Urzeiten mit dem Werden unseres Kosmos verbunden haben, so offenbaren sich göttliche Weltgedanken in der Zeichensprache des Himmels.

Die Magier, die Sternenweisen der Vorzeit, blieben nicht bei einem abstrakten äußeren Berechnen stehen, sie drangen durch das Rhythmuserleben zumindest zu einer Ahnung der Sphärenharmonie vor; kosmische Zahlen und Figuren ließen sie hineinschauen in die große Welten-Organisation der Götter. Bühler meint nun: «Die Verdreifachung der Großen Konjunktion im Jahre 7 v. Chr. aber ließ dieses Sternengebilde in einer zuvor nie erlebten Art aufstrahlen.» Durch eine Art Steigerung und Zusammenziehung des Hexagramms, des Sechssterns, sei ein höherer Impuls zur Offenbarung gekommen. Um ihn wahrzunehmen, mußten sich die Magier von der Imaginationsstufe zur Stufe der Inspiration erheben, «um den tieferen Sinn des symphonischen Dreiklangs der Sphärenharmonie verstehend zu vernehmen». Aber diese Magier lebten ja in «solchen inspirativen Vorstellungen, wie sie in den Sätzen des Ägypter-Evangeliums tradiert sind: ‹Daß das Heil erscheinen wird in der Welt, wenn die Zwei Eines und das Äußere wie das Innere werden wird›», und sie wußten von dem Geheimnis der Jungfrau, die mit den Zwillingen zusammengeschaut die Prophetie auf die zwei Jesusknaben ergab.

«Nun wurden am Himmel die zwei großen Wandler in betonter dreifacher Wiederholung ihrer Großen Konjunktion *eins* – und dies im Zusammenhang mit dem Eintreten der Sonne in den Sechsstern. Sie rief, selbst im Sternbild Jungfrau stehend, die in das gegenüberliegende Sternbild Fische eingetretenen Planeten zu ihrer dreifachen Begegnung auf. Man kann annehmen, daß durch diese Konstellation die Geistesschau der Magier ausgelöst wurde. Vor ihrer Imagination strahlte das sechsgliedrige Konstellationsgefüge auf, um im Zusammenklang mit der dreifachen Konjunktion ein Höheres zu offenbaren.» Inspiriert von diesem «Stern höherer Ordnung» seien sie zur höchsten Stufe ihrer Sternenerkenntnis aufgestiegen, und ihr Meister Zarathustra trat ihnen als Geistesstern entgegen; und das ihnen längst bekannte trigonale Sterngefüge verwandelte sich durch die dreifache Steigerung «vor ihrem inneren Auge zum ‹Christus-Stern›. Sie wußten nunmehr, daß die Zeitenwende unmittelbar bevorstand.» Bühler meint, daß mit diesen seinen Darlegungen «der scheinbare Widerspruch zwischen einer nur inneren, geistigen, und einer äußeren, astronomischen Auffassung vom Stern der Weisen aufgelöst worden» ist (Bühler, S. 69 ff.).

Dieser Forscher wandelt also die Vorstellung von einem räumlichen oder zumindest in den Raum hineinleuchtenden Gestirn in eine Zeiterscheinung um, in einen aus Rhythmen gewobenen Sechserstern, der nur von subtileren inneren Kräften begriffen werden kann als von denen eines naiven und passiven Anschauens. Wir wechseln in ein eher musikalisches Erleben, in den Klang kosmischer Rhythmen hinüber.

So die Auffassung, die dem Stern von Bethlehem auf eine ganz spezielle Weise nahezukommen sucht.

Der eine Stern, vielfach gesehen

Schauen wir noch einmal in Rudolf Steiners Zyklus über das Matthäus-Evangelium. Dort ist von den Magiern gesagt: «Sie wußten, daß der verehrte Name des Zarathustra selber wie ihr Stern sie führen würde nach jenem Orte, wo die Wiederinkarnation des Zarathustra stattfinden sollte. Es war die Wesenheit des großen Lehrers selber, die als der ‹Stern› die drei Magier hinführte ...» (Vortrag vom 6. September 1910; GA 123).

Das Führen durch den Namen meint Rudolf Steiner offensichtlich in dem Sinne, in dem wir noch heute sagen können: «Goethe ist der Stern, dem ich folge» (als Vorbild für einen Dichter zum Beispiel). Da ist der Name zugleich Ausdruck für das Wesen. Wenn wir bedenken, daß die drei Magier in ihrem bisherigen Leben in der Verehrung des Zarathustra, im Nachleben seiner Gebote, in der Beschäftigung mit seinen Überlieferungen zugebracht haben, so ist diese innere Verbindung mit ihm, dieser Vorbilds- und Führungscharakter, den er für sie hat, dasjenige, was sie zu seinen «Folgern» macht.

Aber Rudolf Steiner weist hier noch auf etwas ganz Bestimmtes hin. Denn diese drei Weisen haben vor sechshundert Jahren im alten Chaldäa zu den Schülern des Zarathustra in den dortigen Mysterien gehört. Jetzt zieht die Wesenheit des Zarathustra hin nach Palästina, wo ein Leib mit einer ganz bestimmten Blutsmischung für ihn bereitet ist, damit er seine Mission erfüllen kann. Und die drei Schüler gehen seinen geistigen Weg auf Erden nach. «Sie folgten seiner Spur. Denn es war sozusagen der Zug des Zarathustra, des die Magier führenden, nach Palästina ziehenden Sternes, der die Magier leitete auf ihren Wegen von den morgenländischen, chaldäischen Mysterien nach Palästina, wo sich Zarathustra zu seiner nächsten Inkarnation anschickte.» Das heißt, Zarathustra führt seine Schüler sowohl geistig wie physisch dorthin, wo die Erfüllung der alten Mysterien zu finden ist.

Abgesehen davon, daß der Begriff «Stern» schon in den Namen des Zarathustra (Zoroaster = Goldstern) hineingeheimnißt ist, haben wir uns wohl genügend klar gemacht, wie dieser Begriff auch für eine Individualität stehen kann. Das ist ja heute sogar auf eine recht banale Weise dauernder Sprachgebrauch, wenn Film-«Stars», Musical-«Stars» als

Sterne bezeichnet werden und heute sogar Jesus Christus als Musical-«Superstar» auf diesem Niveau glänzen muß.

Wir sind jetzt von den astronomischen Berechnungen auf die mystische oder geistige Seite der Suche nach dem Stern übergewechselt. Der äußere Forscherweg sucht den Körper, den «Himmelskörper» seiner sinnlichen Erscheinung nach aufzufinden. Der seelische Weg erfühlt die Botschaft, welche den Königen aufgegangen sein muß. Der geistige Weg weist auf die Möglichkeit der Erkenntnis, die beides einschließt.

Wenn man manche Stellen bei Rudolf Steiner *neben*einander hält, kann man sich fragen, wie sie zusammenpassen. Wir werden heute sehr leicht stutzig und wollen alles gerne sorgfältig eingeordnet haben; wie aber bei echter Welterkenntnis viele Schichten ineinanderschwingen und gleichzeitig – nicht neben-, sondern miteinander – bestehen können, dazu gibt uns die *Legenda aurea* eine schöne Lehre. Dort heißt es, die Könige hätten *fünferlei* Sterne gesehen.

Der erste war der «wirkliche Stern, den sie im Morgenlande sahen».

Der zweite war ein geistlicher Stern, nämlich der Glaube, «den sahen sie in ihrem Herzen, und hätte dieser Stern nicht in ihrem Herzen gestrahlt, so hätten sie den ersten nimmermehr gesehen».

Der dritte war ein «geistiger Stern», nämlich der Engel, der den Weisen im Schlafe erschien und sie mahnte, nicht zu Herodes zurückzukehren.

Der vierte war ein menschlicher Stern, nämlich die Jungfrau Maria.

Und der fünfte war ein «übernatürlicher Stern – Christus».

Fünf Sterne in einem hatten so die Weisen gesehen. Es ist dies eine typisch mittelalterliche Aussage. An die Stelle der Erkenntnis ist der Glaube des Herzens getreten. Höhere Erkenntnis, in welcher Glaube und Wissen vereint sind, soll der Mensch nicht mehr suchen. Aber an eines erinnert uns dieser trotzdem so schöne Passus: daß auch für Maria mit der Geburt Jesu eine Sternstunde eingetreten war! Auch ihr Wesen leuchtete vom Himmel, war eingebettet in die Glorie des Christus-Sternes. Auch ihr Schicksalsstern strahlte jetzt in hellem Glanze. Und wenn gesagt ist, daß den Königen im Stern die Jungfrau erschien, so war das wesenhaft richtig. Sie hatte jetzt auf Erden geboren, was sich als «Licht der Welt» erweisen sollte. Sie war mit inbegriffen in dem, was die Weisen am Stern von Bethlehem erkennen lernten. Und wenn wir den latent das ganze Mittelalter durchziehenden Gedanken: Maria sei die Wiederverkörperung der Eva oder zumindest deren Erlöserin, die gutmacht, was Eva schlecht gemacht hat, in Erwägung ziehen, dann bekommt das Aufleuchten des Mariensterns im Zarathustra-Christus-Stern noch eine Vertiefung.

Was aber war nun der Stern von Bethlehem? Ein äußerer Stern aller Wahrscheinlichkeit nach. Vielleicht für die Unkundigen gar nicht auffällig. Vielleicht doch eine Nova, wie Kepler glaubte. Wir haben schon einmal kurz zitiert, was Rudolf Steiner zum Aufleuchten solcher «neuen Sterne» sagt. «Sie sind der Ausdruck der Liebe, mit der der astralische Kosmos auf den ätherischen Kosmos wirkt!»

Was heißt das? Er macht in diesem Vortrag darauf aufmerksam, daß ja der Mensch aus physischem Leib, Ätherleib, Astralleib und Ich besteht und daß er durch diese Wesensglieder mit den entsprechenden weltenkosmischen Gebieten verbunden ist. Daß wir mit dem physischen Leib zur Erde gehören, bedarf weiter keiner Erklärung. Die Ätherzone umgibt als *Umkreis* die Erde, ist an sich aber unsichtbar; man blickt durch den Äther hindurch. Dennoch erhebt er sich «zur Wahrnehmbarkeit wegen der großen Majestät, mit der er sich im Weltenall hinstellt, indem er sich kundgibt, offenbart, in der Himmelsbläue».

In der Bläue des Himmels wird der an sich unsichtbare Äther sichtbar. Wie aber kann der Astralleib des Kosmos, die Zone, in der die Weltseelenhaftigkeit wirkt, sich ein Einlaßtor in die Wahrnehmbarkeit bilden?

«Sehen Sie, in Wirklichkeit ist jeder Stern, den wir am Himmel glänzen sehen, ein Einlaßtor für das Astralische, so daß überall, wo Sterne hereinglänzen, das Astralische hereinglänzt ... In dieser wunderbaren Leuchtekonfiguration macht sich der unsichtbare, der übersinnliche Astralleib des Kosmos sichtbar» (Vortrag vom 4. Juni 1924; GA 236).

Wenn man von der Sternenwelt als von brennenden Gaswelten spricht, dann ist das – so vergleicht er –, wie wenn jemand das liebevolle Streicheln einer Wange mit der Hand beschreiben würde als kleine Bänder, die beim Streicheln über die Wange gelegt werden. Die Wesenhaftigkeit des Vorgangs ist in dieser Beschreibung nicht darin. Im Leuchten des Sternenhimmels macht sich die Einwirkung sichtbar, welche die Weltseelenhaftigkeit ständig auf die Ätherumhüllung der Erde ausübt. Dieses «Streicheln» dauert nur länger, «weil im Weltenall gleich Riesenmaße auftreten». Sind so die dauerhaft leuchtenden Sterne «der Ausdruck der Liebe, mit der der astralische Kosmos auf den ätherischen Kosmos wirkt» – als ununterbrochener Vorgang also, durch den wir den Planeten Erde als getragen von Weltenliebe denken können –, so gibt es andererseits auch ein kurzes, plötzliches «Streicheln», ein verstärktes, aktuelles Hereinwirken der Weltenliebe in die Erdenwelt, nämlich das rätselhafte Aufleuchten gewisser Sterne zu bestimmten Zeiten. «Sterne, die noch nicht da waren, sie leuchten auf, sie verschwinden wiederum.» In Epochen, in denen «die Götter hereinwirken wollen, aus der astralischen Welt in die ätherische Welt, da sieht man solche aufleuchtenden und gleich wiederum sich abdämpfenden Sterne» (GA 236).

Rudolf Steiner spricht hier nicht vom Stern von Bethlehem, sondern ganz allgemein; aber man könnte durch diese Charakterisierung einer Nova die Empfindung bekommen, daß ja wohl bei dem Stern von Bethlehem auch dieser Aspekt – das besondere Hereinleuchten der Gottesliebe auf die Erde – eine Rolle gespielt haben mag. Was Kepler, der von dieser Charakterisierung nichts wissen konnte, offenbar intuitiv erfühlt hat.

Fassen wir zusammen: Was war der Stern von Bethlehem von seiner geistigen Wesensseite aus gesehen? Wir haben gehört: Er war der *Name des Zarathustra*; er war die *Individualität des großen Lehrers selber*. Er war der *Christus*. Er war im astralen Bereich die große *Seelenaura*, ganz durchstrahlt von der Christuskraft. War die zum ersten Male im oder über dem Erdbereich aufleuchtende, selbstlose *göttliche Liebe*, welche die niederen Liebeskräfte zur *Glorie* läutert. Und diese Glorie war so einmalig stark, daß sie wie ein Stern führen konnte. Er war die *Zarathustra-Individualität* auf dem Wege aus ihren einstigen chaldäischen Wirkensfeldern nach Palästina zu ihrer neuen Inkarnation. Er war die *kosmische Offenbarung*, an der die Magier erkennen konnten, daß aus den geistigen Bereichen, in denen auch der Mensch sich nach dem Tode aufhält, ein Wesen zur Erde herabsteigt.

Mit einem Wort, er war – und ist – eine Fülle von Geheimnissen, die sich, je weiter wir, die Menschheit, voranschreiten, einem immer höheren Verständnis wachsend kundgeben kann. Er gehört zu jenen «Objekten der Erkenntnis», bei denen kein Ende abzusehen ist.

Das Jahr 1604 –
Das Geheimnis des Mars

Wenden wir uns noch einmal Kepler zu.

Wir sprachen davon, daß er im Jahre 1604 die drei obersonnigen Planeten und dazu eine Nova beieinander sah und daß er sich angesichts dieses großartigen Sterngeschehens fragte, für welches Ereignis dies als Zeichen stehen mag, denn er hielt es für ausgeschlossen, daß dergleichen ohne Bedeutung sein könnte. Eine Antwort wußte er nicht, und auch in nachfolgender Zeit wurde diese Frage nicht aufgegriffen, jedenfalls ist sie kein Thema der Forschung oder Literatur geworden.

Nun könnte man sagen: Da sich Keplers Idee, eine dreifache Konjunktion von Jupiter-Saturn müsse Ausdruck von etwas Besonderem im Weltgeschehen sein, anscheinend in bezug auf das Jahr 1604 gar nicht bewahrheitet hat – wieviel Gewicht ist dann der Idee zuzumessen, die Konjunktion von 7 v. Chr. könne etwas mit dem Erscheinen Christi zu tun haben? Wir mußten bei unserem Fragen nach dem Stern von Bethlehem ja durchaus offenlassen, ob die Konstellation, auch wenn sie sich sieben Jahre vorher ereignete, nicht doch etwas mit der Zeitenwende zu tun habe. Und mit dem Blick auf die im Jahre 1 sich ereignende dreifache Quadratur scheint sich das im positiven Sinne zu beantworten. Ganz abgesehen von Walther Bühlers Idee des rhythmischen Sternes.

Ein so gewaltiges Ereignis wie das Erscheinen Christi kann ja nicht nur punktuell – ohne jede Vorbereitung – gedacht werden. Christus als göttliche Wesenheit nähert sich stufenweise seiner Erdenverkörperung, und es flammen zweifellos Zeichen an einem solchen Wege auf, die wir nur meist nicht deuten können. Die Magier aber waren durch die Prophezeiungen Zarathustras darauf vorbereitet, und sie haben höchstwahrscheinlich auch die Quadratur berechnen können, also gewußt, wann der Erwartete auf der Erde «ankommen» würde; und sie trafen ja erstaunlich exakt dann in Judäa ein.

Wenn wir aber den Gesichtspunkt fassen, die dreifache Konjunktion vom Jahre 7 v. Chr. sozusagen als Zeichen am Wege zu verstehen, als Markierung einer Station im Herabstieg des Christuswesens, als vorausleuchtendes Anzeichen, wie es bei großen Ereignissen zu geschehen pflegt, so darf nicht unbeachtet bleiben, was weiterhin bis zur Zeitenwende geschah.

Wie schon erwähnt, haben manche Forscher die Fixierung auf das Jahr 7 insofern durchbrochen, als ihnen wichtiger erschien, was sich in den Jahren 3 und 2 v. Chr. zutrug. Etwa fünf Jahre war sozusagen Ruhe am Himmel; nach der dreifachen Konjunktion ereignete sich zunächst nichts Besonderes. Man kann sich aber vorstellen, daß die Sternweisen der Zarathustra-Mysterien, die – wie es viele Überlieferungen schildern – auf einem Berg eine Wache zur Beobachtung postiert hatten, um den Zeitpunkt der Zarathustra-Reinkarnation nicht zu versäumen, mit besonderer Aufmerksamkeit ihrer Aufgabe oblagen.

Im Jahre 3 nun war der königliche Planet Jupiter in das Sternbild des Löwen eingetreten und begann, dessen Hauptstern, den Fixstern Regulus, mit seiner Schleife zu umziehen. Dabei ergab sich abermals eine dreifache Konjunktion. Die mittlere davon fiel in den Februar des Jahres 2 v. Chr. «Jupiter stand dabei in den Wochen seines strahlendsten Glanzes mit Regulus zusammen durch die ganze Nacht am Winterhimmel» (Bühler, S. 77).

Das Sternbild Löwe seinerseits hat engsten Bezug zur Sonne, ist, astrologisch gesprochen, das «Haus der Sonne»; diese wiederum ist bekanntlich das Zentrum unseres Weltsystems. Im menschlichen Mikrokosmos entspricht ihr das Herz. Jupiter – nicht nur Königsstern, sondern auch der Stern der Weisheit (und damit auch der Stern der Weisen und des «Weisheitsknaben» Jesus, also des Zarathustra) tritt jetzt in diese zentrale Region, in das Zeichen des Löwen ein.

Kurz nachdem ihn sein Sternbesuch mit Regulus in den Mittelpunkt stellte, machte sich die Venus geltend, die einzige, die an Strahlkraft den Jupiter noch zu übertreffen vermag. Sie umwebte Jupiter mit ihrer Schleife, und es kam zu einer neuen dreifachen Konjunktion, diesmal von Jupiter mit Venus. Besonders am 17. Juni 2 v. Chr. zog Venus so dicht an Jupiter vorbei, «daß die beiden wie ein strahlendes Gestirn am westlichen Abendhimmel geleuchtet haben können» (Bühler, S. 77).

Aus seiner Kenntnis orientalischer Überlieferung steuert Andrew Welburn in *Das Buch mit vierzehn Siegeln* (Kapitel «Der Stern des Gesegneten») andere Gesichtspunkte zum Thema bei. In Zusammenhang mit der Konjunktion von Jupiter und Venus sieht er eine alte Prophezeiung als erfüllt an, die lautet: «Wenn der Stern Jupiters seine Kulmination erreicht und Venus bezwingt, erhält der Prinz (d.h. der Erleuchter, der Zarathustra) die höchste Gewalt.»

Nach der Konjunktion rückte Jupiter aus dem Sternbild des Löwen in das Zeichen der Jungfrau ein «und blieb dort stationär zwischen dem 24. Dezember 2 bis zum 3. Januar 1 v. Chr. (Edwards nach Welburn, S. 261). Das heißt nach unserer Rechnung: bis zur Geburt des salomonischen Jesus (der dann am 6. Januar angebetet wird).

Welburn sieht das Vorrücken vom Löwen in die Jungfrau so, daß damit «auf einer anderen Ebene die Prophezeiung erfüllt [ist]: ‹Aus Ägypten habe ich meinen Sohn gerufen›» (Welburn, S. 261).

Es muß uns ja nicht wundernehmen, wenn Jungfrau und Zwillinge mit den Geburten in Verbindung gebracht werden, stand doch die Lebenszeit des Christus-Jesus selbst, des «Lammes Gottes», auch unter einem entsprechenden Tierkreiszeichen: dem des Widders oder Lammes. Himmelssprache der Gestirne und Schicksalssprache auf Erden waren offenbar nicht zu trennen.

Um zu Kepler und dem Jahr 1604 zurückzukehren: Mit seiner Sensibilität in bezug auf astronomische Ereignisse hat er 1604 nicht nur das augenblicklich Besondere empfunden, sondern er hat gleichzeitig kosmisch-historisch «zurückgeführt» und eine Verbindung zum Stern von Bethlehem gezogen. Das lag ja nicht unmittelbar auf der Hand. Wir Heutigen haben im 20. Jahrhundert gleich zweimal das erstaunliche Phänomen der dreifachen Konjunktion erlebt (1940/41 und 1981); wer aber hätte – ohne Kepler – sich dabei an den Stern von Bethlehem erinnert? Kepler aber hat mit seiner Idee der astronomischen Forschung eine Richtung gewiesen, in die sie bis heute eifrig in seiner Nachfolge geht. Abgesehen von der Nova, die man vergessen hat, ist sie erstaunlich eingeschlagen.

Für seine eigene Gegenwart, das Jahr 1604, blieb die Antwort offen. Er meinte, es werde die Zukunft eine Erklärung bringen («zu seiner Zeit»), oder aber es handele sich um Vorgänge derart hoher Natur, daß sie die Menschheit unmittelbar nichts angingen, gewissermaßen über unserem Horizont seien.

Machen wir uns noch einmal klar: Zur Jupiter-Saturn-Konstellation, die schon im Jahre 1603 begann, trat 1604 nicht nur die Nova, sondern auch der *Mars* hinzu. Das hat sich im Jahre 7 v. Chr. nicht ereignet, sondern kennzeichnet speziell die Konjunktion von 1604 (die keine dreifache war). Man kann sagen: Das kosmische Zeichen bekommt einen Mars-Aspekt, bekommt ein spezielles Signum durch diesen Planeten.

Nehmen wir noch einmal Keplers eigene Worte: «Fast ein gleiches (wie 7 v. Chr.) hat sich auch Anno 1604 begeben, als die drei höchsten Planeten

Saturnus, Jupiter und Mars im Oktober zusammen in das Zeichen des Schützen gerücket, gerade auf den Tag, an welchem der schnellste, der Mars, zu dem Jovi (Jupiter) als dem weiteren gekommen, und also die Conjunktion ganz und gar vollkommen gemacht: Da hat Gott abermals [also, wie Kepler meint, auch 7 v. Chr.] am hohen Himmel, und zwar gerade an dem Ort, da die drei Planeten beieinander standen, einen ungewöhnlichen neuen Stern angeflammet, und über ein ganzes Jahr also stehen lassen, ohne Zweifel anzuzeigen, daß abermals etwas Seltsames in der Welt anfange, so zu seiner Zeit soll ans Tageslicht herfür kommen ...»

An dem Tag, als der Planet Mars zu Saturn und Jupiter hinzutrat und die Zweiheit zu einer Dreiheit erhöhte, rückte die ganze Konjunktion in das Zeichen des Schützen ein, und zugleich flammte der neue Stern auf, und zwar nicht irgendwo am Himmel, sondern genau über diesem Dreigestirn. Eine kosmische Planung von atemberaubender Exaktheit sowohl nach Zeit wie nach Ort! Kein Wunder, daß es Kepler bewegte.

Wer nun mit dem Werk Rudolf Steiners sich vertraut macht, der wird eines Tages auf das Jahr 1604 stoßen als auf den Zeitpunkt eines ganz ungewöhnlichen Ereignisses, das in Zusammenhang mit dem Mars steht. Es geht zwar auch die Menschheit an, liegt aber recht weit über dem Horizont unserer Denkgewohnheiten. Es fordert von uns, nicht mehr nur irdisch, sondern planetarisch zu denken, das heißt unser gesamtes Planetensystem als ein Ganzes zu erfassen, das in Wirkungen und Gegenwirkungen aufeinander bezogen ist. Und erkennen zu lernen, daß die großen Menschheitsführer in dieser Beziehung uns seit langem auf diesem Wege vorangegangen sind, nicht nur in der Erkenntnis, sondern auch im Handeln.

Theoretisch hört sich das ganz gut an, und «Bewußtseinserweiterung» ist ja heute ein Schlagwort, vor dem man sich eigentlich nicht mehr zu fürchten braucht. Wenn uns das aber an einem ganz realen praktischen Beispiel vorgeführt wird, so mag jeder selbst an sich erproben, ob unser heutiger Mensch nicht zunächst doch sehr «kopfscheu» wird und es schwer hat, derartige «Maßnahmen» für möglich zu halten.

Da dies ein so sensibler Punkt ist, sollte man das Thema eigentlich in den originalen Vortragszusammenhängen wahrnehmen. Das geht hier nicht, es kann nur als ein Hinweis ausgesprochen werden. Uns bleibt hier nur, zu versuchen, so sachlich wie es in aller Knappheit geht, das Faktum hinzustellen. Denn unser Anknüpfungspunkt ist, die Konjunktion von 1604 in Zusammenhang mit dem zu sehen, was von Rudolf Steiner über das Jahr 1604 gesagt ist – bei ihm aber gänzlich ohne einen Blick auf Kepler oder die Konjunktion.

Am 11. und 12. Juni 1912 sprach Rudolf Steiner innerhalb der Vortragsreihe «Der Mensch im Lichte von Okkultismus, Theosophie und Philosophie» in Oslo (GA 137) das hier gemeinte Geschehen wohl zum ersten Male an. Wir wollen darauf jetzt aber noch nicht eingehen. Es fällt auch das Datum 1604 noch nicht. Womit wir es zunächst zu tun haben, ist das Thema Buddha und Mars.

In ganz andere Zusammenhänge führt der Vortrag vom 18. Dezember des gleichen Jahres in Neuchâtel in der Schweiz. Hier spricht Rudolf Steiner über Christian Rosenkreutz. Der Vortrag wurde genannt: «Die Mission des Christian Rosenkreutz. Die Mission des Gautama Buddha auf dem Mars» (GA 130).

Buddha und der Mars – Christian Rosenkreutz und der Mars? Ein halbes Jahr nach dem Vortrag von Oslo wird beides in seinem Zusammenhang aufgedeckt. Die Rede ist von dem großen Umsturz, der Mitte des 16. Jahrhunderts durch Kopernikus eingeläutet wurde. Nicht nur wurde die Erde als Mittelpunkt der Welt, um die sich Sonne, Mond und die Gestirne drehen, entthront, es wurden jetzt auch konsequent die Gestirne als «materielle Kugeln im Raume» gedacht. Dieses Weltbild bezeichnet Rudolf Steiner als Maja. Eine Maja «schon als Begriff».

Christian Rosenkreutz als großer Menschheitsführer stand damals vor der Aufgabe, die Entwicklung zu retten, denn er sah die kommenden Konsequenzen voraus. Gegen Ende des 16. Jahrhunderts berief er einige Konferenzen ein. Vor «bedeutsamen Individualitäten der Menschheitsführung» entwickelte er, was die Zukunft bringen würde, wenn man die aufkommenden materialistischen Tendenzen einfach weiterlaufen ließe. An diesen Konferenzen nahmen auch nicht-verkörperte Individualitäten teil, so jene, die einstmals als Gautama Buddha auf der Erde geweilt und sich seitdem nicht mehr verkörpert hatte.

Christian Rosenkreutz stellte als große Sorge in den Mittelpunkt der Versammlungen, daß die Menschheit sich in Zukunft in zwei Gruppen zerspalten würde. Die einen würden die «praktischen Menschen» sein und in der kommenden industriellen, technischen Entwicklung ganz aufgehen und zu einer Art Arbeitstieren, «Lasttieren» werden. Die anderen, die sich dem entziehen wollten, würden zu einer weltfremden, zurückgezogenen, mönchischen Haltung ihre Zuflucht nehmen – einer

Haltung, wie sie einst im Buddhismus veranlagt war und sich in Europa als großem Vertreter an Franz von Assisi zeigte. Dies aber entspräche nicht der Aufgabe der modernen Menschheit.

Auf der Erde, sagte Christian Rosenkreutz, ist kein Mittel zu finden, um diese Zerspaltung zu verhindern. Da sich im Leben zwischen Geburt und Tod keine Hilfe bietet, muß gedacht werden an das Leben nach dem Tode und vor einer neuen Geburt, um von dorther eine Einwirkung auf die Menschheit zu nehmen. Es standen vor dem geistigen Auge des Christian Rosenkreutz die Verhältnisse auf dem Mars. Die Marsbevölkerung ist ja nicht irdischer Natur, sie hat keinen physischen Leib, aber sie ist voller Emotionen, ist kriegs- und kampflustig. Während des 15. und 16. Jahrhunderts hatte sich auf dem Mars ein starker Niedergang vollzogen. Die Marskultur war dekadent geworden, und es strahlten nicht mehr wie vorher gute, sondern schlechte Kräfte von ihm aus. Kräfte vor allem, die zur Entgeistung der Welt, zum Materialismus führen. Mit diesen Kräften wirkte der Mars nun, gewissermaßen imprägnierend, auf die zu einer neuen Inkarnation absteigenden Menschenseelen ein. Der starke Zug zum Materialismus kam von den schlechten Kräften des Mars. Die Marsbevölkerung befand sich, ohne es selbst zu bemerken, in einer Krise, die derjenigen glich, welche auf der Erde zur Zeitenwende geherrscht hatte. Der Erde hatte die Opfertat des Christus einen neuen Aufschwung gegeben – was konnte für den Mars geschehen?

So war es eigentlich eine Doppelaufgabe, die vor dem kosmischweiten Blick des Christian Rosenkreutz und dem Verantwortungsgefühl aller Beteiligten stand. Aber beides gehörte zusammen – die Marsentwicklung mußte gerettet und gleichzeitig damit auch die Erde einer verhängnisvollen Fehlentwicklung entrissen werden. Christian Rosenkreutz sah das Heilmittel und wußte es zu benennen – die Kräfte, die der von menschlichen Inkarnationen frei gewordene Buddha in sich trug, diese Friedens- und Liebeskräfte mußten eingesetzt werden zur Befriedung und zur Läuterung der Kräfte auf dem Mars.

Der im Geistleib lebende Buddha sollte seine Wirkensstätte von der Erde auf den Mars verlegen. Dies war eine Opfertat, ähnlich der, welche einst Christus in der großen Krisensituation der Menschheit (die von der Menschheit selbst so wenig erkannt wurde, wie jetzt die Marswesen die ihre nicht erkannten) vollbracht hatte. Der Friedensfürst Buddha wurde gleichsam das Opferlamm für den Mars. «Man kann es als eine Art von Kreuzigung für den Buddha bezeichnen, daß er sich hineinversetzen ließ in diese kriegerische Umgebung.» Die «Kreuzigung» ging nicht bis zum Physischen, weil es das dort nicht gibt. Aber dennoch gleicht, das wird Rudolf Steiner noch oft betonen, dieser Opfergang des Buddha auf den Mars dem Zeitenwende-Geschehen auf der Erde. Das Wort Christi: «Nimm dein Kreuz auf dich und folge mir nach» bekommt hier so große Dimensionen, wie wir sie uns nicht träumen lassen würden. Denn alles geschieht im Dienste Christi. Christian Rosenkreutz steht im Dienste des Christus, und Buddha steht im Dienste des Christian Rosenkreutz, mit ihm im Geiste freundschaftlich verbunden. Und dann wird präzise gesagt: Was da am Ende des 16. Jahrhunderts beraten worden war, wird ausgeführt im Jahre 1604.

«Gleichsam abgeschickt wurde von der Erde auf den Mars die Individualität des Gautama Buddha durch Christian Rosenkreutz ... und im Jahre 1604 vollbrachte die Individualität des Gautama Buddha eine ähnliche Tat für den Mars, wie das Mysterium von Golgatha für die Erde war» (GA 130).

Vier Tage später, am 22. Dezember 1912, nimmt Rudolf Steiner – nun in Berlin – das Thema wieder auf und intensiviert und verdeutlicht dabei noch manche Aspekte. Besonders wird betont, daß es das Anliegen des Christian Rosenkreutz sein mußte, *jeder* Seele die Möglichkeit zu erhalten, eine spirituelle Entwicklung durchzumachen. Das Zerreißen der Menschheit in extreme Kasten mußte verhindert werden. «Es mußte die Menschheit zum Beispiel dafür gewonnen werden, gut naturwissenschaftlich zu denken ... aber zugleich in der Seele die Möglichkeit zu haben, die Ideen spirituell zu vertiefen ... so daß von einer naturwissenschaftlichen Anschauung der Weg zu einer spirituellen Höhe hinauf gefunden werde» (GA 141).

Hätte der Buddha geistig in der Erdensphäre weitergewirkt, «so hätte er nur das erreichen können, daß er buddhistische oder franziskanische Mönche hätte hervorbringen können», diese hätten aber «nicht mitmachen dürfen – wie es Franz von Assisi nicht hat mitmachen dürfen – die äußere materielle Kultur». Nicht asketische Absonderung vom Leben darf allein den Aufstieg zu spirituellen Höhen ermöglichen, sondern jeder Mensch, wo er auch steht und sich in den Notwendigkeiten der modernen Welt bewegt, soll in sich die Möglichkeit zu geistiger Vertiefung finden können. Buddha der große Lehrer des Nirwana, der den Trieb nach Wiederverkörperung in sich auszurotten lehrt und erdenflüchtig machen will, findet seine heilsame Wirkensstätte jetzt dort, wo die Menschenseele ihm im leibfreien Zustand begegnen kann, in einem Zustand, wo sie sich von Erdenresten befreien soll. Hier ist es der Menschenseele gut, eine Zeitlang Buddha- oder Franz von Assisi-Schülerin zu werden. Sie nimmt von diesen neuen Wirkungen des Mars gute Kräfte auf die Erde mit.

In diesem Vortrag wird das Jahr 1604 nicht ausdrücklich genannt, sondern statt dessen vom «Anfang des 17. Jahrhunderts» gesprochen.

Werfen wir noch einen Blick auf den Vortrag vom 17. Februar 1913 in Stuttgart. Darin handelt es sich um den nachtodlichen Weg der Menschenseele durch die Sternensphären. Über Mond, Merkur, Venus und Sonne gelangt sie beziehungsweise dehnt sie sich aus bis zur Sphäre des Mars. In früheren Zeiten war es den Menschen förderlich, vom Mars ermuntert zu werden zu Mut und Tatkraft. Physische Kräfte, auch kriegerische Kräfte mußten geübt werden, um die Menschheitsevolution zu fördern. «Die Seele, die in den alten Zeiten, vor dem siebzehnten Jahrhundert, durch die Marssphäre durchgegangen war, die kam mit jenen Kräften in Berührung, die sie mit Mut und Tatkraft durchdrangen ... Aber die Seelen, die in späterer Zeit ankamen, konnten das Charakteristische nicht mehr finden: Mars ging da durch seine Krisis ... Die Kräfte, die der Mars aussenden sollte, um Mut und Tatkraft auf die Erde zu bringen, waren vorbei für den Mars: sie sollten nicht mehr auf die Erde hereindringen» (GA 140).

Schon vom zwölften Jahrhundert an, sagt Rudolf Steiner hier, sah man in den rosenkreuzerischen Mysterien den Verlauf dieser Entwicklung voraus. Man wußte, für die Erdentwicklung kommen die Zeiten materieller Triumphe, einer veräußerlichten materiellen Kultur. Sie wird sehr intelligent sein, die Zeit der Maschinen und Luftschiffe, aber sie wird eine Art Seelentod bringen. Da muß sich der Mensch hineinleben. Während die Menschen einerseits weltfreundlicher, weltvertrauter werden, müssen sie aber in anderen Stunden «seelenvertrauter» werden und zum Beispiel mit einem Teil ihres Wesens auch die Impulse eines Franz von Assisi verstehen.

«Darin besteht ja das Wesen des Fortschritts der Seelen auf Erden, daß diese Seelen gleichsam zwei Naturen erhalten müssen, immer mehr, je weiter sie der Zukunft entgegengehen; daß wir mit unseren Seelengliedern die Impulse des Erdendaseins ergreifen und uns damit befreunden können, daß wir aber in uns auch Augenblicke und Stunden entwickeln müssen, in denen wir einsam hingegeben sein können dem Leben der Seele selber ... Und darauf mußte vorbereitet werden in den Rosenkreuzermysterien. Christian Rosenkreutz hatte die Aufgabe, dafür vorzusorgen ... Da sagte man sich in den Rosenkreuzermysterien: Der Mars verliert sozusagen seine alte Aufgabe; geben wir ihm eine neue» (GA 140).

Das ist der Hintergrund der Absendung des Buddha auf den Mars. Man sieht, das Ereignis wurde lange vorbereitet. Es vollendet sich im Jahre 1604. In jenem Jahr, wo wir durch Keplers Schilderung das Bild des Zusammentreffens von Jupiter und Saturn zu einer Himmelskonferenz vor uns haben, zu welcher *Mars* hinzutritt, während gleichzeitig eine Nova etwas Neues anzeigt.

Die Mühe, die es uns macht, unser Verständnis zu solchen Planungen auszudehnen und einen Gautama Buddha, der doch einst als Mensch auf der Erde herumgegangen ist, nun als einen Heiland und Friedensfürsten auf dem Mars zu denken – sie wird uns vielleicht erleichtert, wenn wir uns *noch weiter* ausdehnen. Dazu können die erwähnten Vorträge vom 11./12. Juni 1912 verhelfen. Dort lernen wir das Wesen des Buddha noch genauer kennen und erfahren, daß er schon in uralten Zeiten, als in unserem Planetensystem noch sehr viel in Bewegung war und die Sonne sich gerade von der Erde getrennt hatte, ein Christusdiener gewesen ist. Damals wurde er zur Venus gesandt und machte dort selbst «allerlei Entwicklungszustände durch». Mit Seelen, die zur Erde gehörten, kam er dann von der Venus zu unserem Planeten zurück.

«So haben Sie in dem Buddha einen alten Abgesandten des Christus, der die Aufgabe hatte, vorzubereiten das Werk des Christus auf Erden. Denn die Absendung zu den Venusmenschen hatte keinen anderen Sinn, als einen Vorläufer vorauszuschicken von der Sonne auf die Erde» (GA 137).

Buddha ist ein kosmosgewohnter Christus-Abgesandter. Er gehört zu jener Kategorie von Individualitäten, deren Wirkensfeld zwar auf unsere Erde zentriert ist, aber weit ausholend sich im ganzen Planetensystem bewegt. Wenn wir unser Denken so erweitern können, wird sein Opfergang auf den Mars zwar nicht kleiner, aber er verliert seine Abruptheit, seine Voraussetzungslosigkeit.

Man möge das alles nun annehmen können oder nicht – jedenfalls ist das Zusammendenken dessen, wovon Kepler spricht, mit demjenigen, was Rudolf Steiner ausführt in bezug auf das Jahr 1604, des innerlichen Anschauens wert.

Die Rosenkreuzerströmung und der Beginn des 17. Jahrhunderts

Fragen wir danach, wie der von Rudolf Steiner erwähnte Christian Rosenkreutz – über den und dessen Inkarnationen er vielfältig Auskunft gibt – in der äußeren Geschichte bekannt ist, so finden wir dort sehr wenig. Lediglich drei Schriften geben Zeugnis über ihn. Sie sind allesamt am Beginn jenes 17. Jahrhunderts erschienen, von dem hier die Rede ist, und eine davon gibt wiederum exakt dem Jahr 1604 spezielles Gewicht. Nichts davon nimmt Bezug auf Keplers «Sternen-Gedanken», aber *wir* können daran denken, wie über allen diesen suchenden Menschen nächtens das erwähnte Sterngeschehen vom Himmel geleuchtet hatte.

Der Beginn des 17. Jahrhunderts war eine geistig unruhige Zeit. Viele Seelen schauten aus nach neuen Werten, mancherlei Publikationen erschienen. Großen Einfluß übten die Schriften des Paracelsus aus, der bereits 1541 verstorben war, dessen schriftliches Werk aber just erst seit 1604 in größerem Umfang zugänglich wurde.

Und dann erschienen nacheinander 1614, 1615 und 1616 drei anonyme Schriften, deren Inhalt aber schon einige Jahre vorher vielen Interessierten bekannt gewesen sein muß. Die erste Schrift *Fama Fraternitatis* ruft die Gelehrten Europas auf, sich der Bruderschaft anzuschließen, die jetzt, 120 Jahre nach dem Tode des Christian Rosenkreutz, sich öffentlich bezeugen kann. Das Leben des Christian Rosenkreutz wird von 1378 bis 1484 angegeben (er wurde also etwa 106 Jahre alt). Erzählt wird, er habe sich ein besonderes Gemach gebaut, in das er nach seinem Tode gebettet und das dann verschlossen worden sei und 120 Jahre unbekannt blieb. Als im Jahre 1604 die nunmehrigen Träger des Geheimordens den Bau erweitern wollten, stießen sie auf das Gemach und fanden unter dem Altar den unverwesten Leichnam, dazu viele Schriften und andere Gegenstände. Das bezeugte ihnen, daß die Zeit der Geheimhaltung nun vorüber sei. Der *Fama*, welche die Geschichte der Bruderschaft beschreibt, folgte die *Confessio*,[19] das heißt, ihr Bekenntnis, zugleich Aufruf an die Gelehrten; und zum dritten die *Chymische Hochzeit Christiani Rosencreutz*, das heißt die Schilderung seiner Einweihung.

Die Aufrufe der zwei ersten Schriften wurden weiterum gehört. Mehr als zweihundert Antworten wurden an den verschiedensten Stellen publiziert. Ebenso regte sich eine heftige Gegnerschaft, und zudem suchten manche dubiosen Elemente in diesem Fahrwasser mitzuschwimmen. Vor allem aber zerstörte der Dreißigjährige Krieg (1618 bis 1648) jeden geistigen Aufbruch.

Auf all dies näher einzugehen ist hier nicht der Ort, es soll lediglich vermerkt sein, weil es zum Thema «1604» hinzugehört und weil das Zusammendenken aller drei Fakten – Keplers Gedanken zum Sterngeschehen, Buddhas Entsendung zum Mars, das öffentliche Hervortreten der bisher geheimen Rosenkreuzer-Bruderschaft und ihr Versuch, europaweit die Gelehrten zu einem neuen Aufbruch anzuregen – uns auf ein viertes Faktum aufmerksam macht: nämlich auf das Zusammenfallen aller dieser Ereignisse. Sie spielen sich auf verschiedenen Ebenen ab, und man gelangt auf ganz verschiedenen Denkwegen zu ihnen, doch scheinen sie uns – sowohl einzeln wie zusammengenommen – zu sagen, daß das Jahr 1604 doch von großer geistiger Bedeutung war, und Keplers Ahnung zeigt sich als nicht unbegründet. Vielleicht ist es auch kein Zufall, daß Rudolf Steiner nach genau dreihundert Jahren, von 1904 an, über Christian Rosenkreutz und seine Inkarnationen sprach.[20] Man bekommt ein Gefühl für einen Zeitrhythmus, spürt, daß es Daten gibt, in denen etwas reift, etwas fällig wird; wo Dinge ausgesprochen oder vollzogen werden können, für die vorher der «Stern» noch nicht aufgegangen war. Bekommt auch ein Gefühl für die Tragik verpaßter Chancen, verschlafener Augenblicke, die später so schwer oder gar nicht mehr zu korrigieren sind, weil sowohl im Kosmos wie auf der Erde die Situationen sich verändert haben – und zwar *ohne* den guten Einschlag, der eben versäumt worden war. Auch 1604 ist, was die Entwicklung auf Erden anbelangt, nicht punktuell zu nehmen, sondern ausstrahlend in die nächsten Jahre und ihren versuchten geistigen Aufbruch. Die «Gelehrten Europas» haben den Aufruf aber nicht ernst genug genommen. Festgefahren und zerstritten in eigenen Theorien, konnten sie neuen Boden nicht gewinnen. Mit dieser Chance war mehr vertan, als «nur» eine geistige Fortentwicklung – sie war ein Versuch gewesen, die Kräfte abzufangen, die sich dann in den Schrecknissen des Dreißigjährigen Krieges ausgetobt haben. Was geistig nicht bewältigt wird, sucht sich andere Wege. Uns, im 20. Jahrhundert, sollte diese Lektion bekannt vorkommen.

Nachdem die Bedeutung des Jahres 1604 uns nun doch sehr stark entgegengetreten ist – allerdings in der Art, wie eine äußere Geschichtsschreibung das nicht vermerkt, aber das trifft ja auch auf die Jesusgeburten zu –, geht die Frage zurück zum Jahre 7 v. Chr. Dort ereignete sich eine dreifache Große Konjunktion, das heißt ein dreifaches Sich-Nähern und Wieder-Entfernen der beiden Planeten Jupiter und Saturn. Sie sind die äußersten, entferntesten Wandler unserer Planetengemeinschaft, wie sie seit der Antike bekannt war und für wesentlich gehalten wurde. Der Umlauf von Jupiter und Saturn umfaßt auch die Runden und Schleifen der anderen Planeten, die gleichsam in deren Umlauf eingebettet sind, deshalb wird deren Begegnung als *große* Konjunktion bezeichnet.

Was sich 1604 ereignete, wird *größte* Konjunktion genannt, weil hier nun auch der Mars als der unterste der drei obersonnigen Planeten hinzutrat und somit die Möglichkeit eines gemeinsamen Zusammentreffens komplett ausgeschöpft war.

Das geschah 7 v. Chr. nicht. Auch ist nirgendwo die Nova bezeugt, von der Kepler als dem Stern von Bethlehem spricht. War der Stern von Bethlehem wirklich eine Nova, so kann sie ebensogut im Jahre *eins* geleuchtet haben, denn an die Konjunktion ist sie ja nicht gebunden.

Die Konjunktion als solche kann als ein Aufruf verstanden werden, der damals im Orient offenbar richtig gedeutet wurde, und das Eintreten beider Großplaneten im Jahre Null in dreifacher Quadratur in die Tierkreisstationen Jungfrau und Zwillinge (bei denen sich noch dazu Bilder und Zeichen deckten) hat gewiß seine tiefe Bedeutung. Gerade diese Beziehung, die einst in uralter Zarathustra-Zeit schon prophetisch verstanden wurde, wird von dem «königlichen Gestirn» Jupiter und dem «Stern der Juden» Saturn in der Zeitenwende wie ein kosmischer Zeiger berührt.

Dies alles als Umfeld läßt die Bedeutung des Sterns von Bethlehem stark hervortreten. Er selbst bleibt freilich noch immer – irdisch gesehen – ein ausgesparter Raum, in dem wir vorläufig nur ein Fragezeichen erblicken. Seine imaginative Qualität aber leuchtet uns mehr und mehr entgegen.

Nehmen wir unsere heutige Raumfahrt mit ihren spektakulären Erfolgen hinsichtlich immer neuer Kenntnisse über die Himmelskörper und stellen wir daneben das Weltbild, das sich in Buddhas Gang zum Mars in unserer Betrachtung jetzt gespiegelt hat, so sehen wir zwei Seiten einer Sache. Hier wird in dem Körper-erfüllten Raum unseres Universums geforscht, dort im Bereich nicht der Himmelskörper, sondern im Himmelsseelenbereiche, in den Wohnstätten, die von geistigen und seelischen Entitäten und Individualitäten bevölkert werden. Wie diese beiden Bereiche zusammenfallen können, dafür ist jeder Mensch selbst ein Beispiel. Wie sie im Stern von Bethlehem einst zusammenfielen, werden wir vielleicht erst dann verstehen, wenn wir in unserer ganzen Weltsicht die zwei Teile zusammenfügen können.

Die Jungfrau am Himmel

Das Manuskript dieses Buches war bereits fertiggestellt, als eine neue, 1995 erschienene Veröffentlichung die Aufmerksamkeit auf sich zog. Es ist ja nicht möglich, alles, was zu diesem Thema gedruckt wird, einzubeziehen, aber die Publikation von Werner Papke soll doch noch genauer angesehen werden. Er gibt seinem Buch den Titel *Das Zeichen des Messias – Ein Wissenschaftler identifiziert den Stern von Bethlehem*. Gleich im Prolog erklärt er:

«In der Tat läßt sich der Stern der Magier nicht nur eindeutig identifizieren, sondern wir können erstmals auch mit Bestimmtheit sagen, was das Erscheinen des Sterns bei Jesu Geburt für die Magier im einzelnen bedeutete. Wie sich aus meiner Entdeckung ergeben sollte, war die Hoffnung auf den verheißenen Erlöser seit Urzeiten schon mit einem und nur einem Sternbild verbunden, dem wohl ältesten Sternbild der Menschheit überhaupt: der Jungfrau! Als im Schoße dieser himmlischen Jungfrau ein neuer Stern plötzlich strahlend erschien, war dies für die Magier tatsächlich das Zeichen, daß nun der Messias von einer Jungfrau in Juda geboren sei. Da dieser Stern, wie ich zeigen werde, gerade an der Stelle des Himmels erschien, wo sich im Weltbild der Alten der ‹Thron Gottes› befand, mußten die Magier daraus schließen, daß der Messias als ‹Sohn Gottes› unmittelbar vom ‹Thron Gottes› zur Erde kam, was mit den biblischen Aussagen verblüffend genau übereinstimmt.»

Hier werden wir also, so scheint es, des Rätsels Lösung finden. Daß auf das Sternbild der Jungfrau aufmerksam gemacht wird, auf das Rudolf Steiner schon vor fast achtzig Jahren (1920) hingewiesen hat, läßt aufhorchen. Die zitierte Stelle im Prolog bei Papke geht aber weiter und besagt, daß aufgrund seiner exakten Identifikation des «Sterns von Bethlehem» nun auch Jesu Geburt bis auf Jahr, Tag, Stunde, ja sogar bis auf einige Minuten genau berechnet werden kann. Es heißt dann: «Die beeindruckende Harmonie von überprüfbaren himmlischen und irdischen Akzidentien, die alle in die Geburt Jesu im Jahre 2 v. Chr. einmünden, ist so überwältigend, daß man mit wissenschaftlichen Begriffen allein dieses einzigartige Phänomen nicht hinreichend erklären kann.»

Auch hier klingt das persönliche Erlebnis mit, wenn auch jetzt auf anderer Ebene als zum Beispiel bei Ferrari d'Occhieppo. Und wir stoßen wieder auf das Wort «überwältigend». Alle Forscher, von Kepler angefangen, die sich ernsthaft mit dem Thema des «Sterns» befaßt haben, sind offenbar gar nicht nur wissenschaftlich-kühl, sondern stark innerlich bewegt mit dem Thema umgegangen, und ihre Erlebnis-Ausgangspunkte bestimmten die Richtung ihres Suchens und Findens.

Daß dies nicht nur auf Wissenschaftler zutrifft, sondern auch auf Künstler, die sich mit dem Thema befassen mußten, dafür zum Zeugnis steht wohl als erster und frühester der Maler Giotto. Er hatte im Jahre 1301 den Halleyschen Kometen erlebt und zwei Jahre später auf seiner «Königsanbetung» in der Arenakapelle zu Padua den Stern als einen Kometen mit langem Schweif gemalt, was nach ihm dann noch manch anderer Künstler tat.

Wie wir dem Vorwort bei Papke entnehmen, nimmt er Abstand von dem Glauben an die Konjunktion als Stern von Bethlehem; er findet zu einer Nova zurück, und die Geburt Jesu rückt er in das Jahr 2 v. Chr.

Wie einprägsam seit Jahrzehnten die Version vom Jahre 7 v. Chr. der Menschheit vorgeführt wird, zeigt nicht nur ein Blick auf die verschiedenen Medien, bei denen das Thema besonders zur Weihnachtszeit Konjunktur hat, sondern es gibt noch ein anderes sehr stark beeindruckendes Mittel – die Planetarien.

«Alle Jahre wieder zur Weihnachtszeit wird in den Planetarien der ganzen Welt mit enormem technischem Aufwand die ‹große Konjunktion› des Jahres 7 v. Chr. grandios simuliert und einem staunenden Publikum als *die* ‹wissenschaftliche Erklärung des ‹Sterns von Bethlehem› an einer künstlichen Himmelskuppel vorgeführt. Und jedermann meint nun sicher zu wissen, wie sich das ganze Himmelsschauspiel des Messiassterns vor zweitausend Jahren zugetragen hat» (Papke, S. 10).

Auch Ferrari d'Occhieppo war sehr bemüht, seine Version in den Planetarien zur Geltung zu bringen, und er bedankt sich im Vorwort seines Buches bei denjenigen Planetariumsleitern, die «oft schon seit Jahren» den Stern von Bethlehem «ganz im Sinn meiner Theorie zur Weihnachtszeit vorführen ließen».

Bei Papke haben wir also zu erwarten, daß er weder die Konjunktion Jupiter-Saturn noch einen Kometen in Betracht ziehen wird. Er selbst geht von keinem Sinneseindruck aus, sondern, wie er sagt, von einem Wort des Apostels Paulus, der in seinem Brief an die Römer 10,18 auf einen alten Psalm hingewiesen habe, der beinhaltet, was Beethoven vertont hat: «Die Himmel erzählen die Ehre Gottes ... der Himmel Schall geht über die ganze Erde.» Diese «gewaltige Aussage des Paulus» habe ihn dazu bewogen, «das Zeichen des Erlösers am Himmel zu suchen». Daß diese Anregung so bei ihm einschlug, dazu gehörte wohl auch eine ganz persönliche Disposition, denn die Stelle bei Paulus ist sehr knapp: «Ich sage aber: Haben sie es nicht gehört? Wohl, es ist ja in alle Lande ausgegangen ihr Schall und in alle Welt ihre Worte.»

Mit dieser Formulierung weist Paulus angeblich hin auf Psalm 19 (Vers 5), der dem jungen David zugeschrieben wird und der beginnt: «Die Himmel erzählen die Ehre Gottes und die Feste verkündiget seiner Hände Werk.» Papke versteht die Paulusstelle so, daß damit eine Antwort gegeben sei auf die alte Frage, wie denn die Menschen, die vor der Zeitenwende gelebt haben, selig werden könnten. «Nun hat zwar schon Mose auf den kommenden Erlöser hingewiesen, aber wie haben die Menschen *vor* Mose vom Messias erfahren?» Des Paulus Antwort sei in den zitierten Stellen enthalten, und sie laute: «Alle haben seit Jahrtausenden schon die Botschaft vom kommenden Erlöser ‹gehört› – die Himmel haben sie verkündigt!»

Davon bewegt und dadurch berechtigt, suchte nun Papke in «den Himmeln» nach dem Zeichen des Erlösers.

Es gibt in der Theologie ein merkwürdiges Problem, demgegenüber sich Astronomen katholischer wie evangelischer Konfession, so zum Beispiel Ferrari und Papke, die ihre Bücher in theologischen Verlagen herausgeben, glauben rechtfertigen zu müssen: Sternenglaube ist heidnisch! Er wurde sowohl von den Juden als auch in der christlichen Literatur (z.B. von Paulus) verdammt.

Die Magier sind von diesem Gesichtspunkt her suspekt, und ihr Vorhandensein macht der Theologie Schwierigkeiten. Sich als guter Christ mit ihnen zu beschäftigen, sie ernst zu nehmen und ihre Sternenkunst zu bewundern, das setzt einen christlichen Astronomen zwischen zwei Stühle. So wird denn auch im Geleitwort (von Rainer Riesner) zum Buch Ferraris dieses Problem berührt. Es heißt dort: «Obwohl der Autor stets klar zwischen Astronomie und Sterndeutung unterscheidet, soll hier noch die Befürchtung angesprochen werden, seine Erklärung könnte als christliche Rehabilitierung der Astrologie aufgefaßt werden.» In dem Bemühen, das zu entkräften, wird Chrysostomus angeführt, aus dessen Worten freilich gerade hervorgeht, daß er eine christliche Sternenforschung für überflüssig hält: «Die Juden, so sagt Johannes Chrysostomus, besaßen die prophetischen Weissagungen, die Heiden sprach Gott an, wie sie es verstehen konnten. Als aber die Sternkundigen Jesus gefunden hatten, verehrten sie das königliche Kind und nicht mehr die Majestät der Sterne.»

Die Schwierigkeit ist, daß man bei den alten «Sterndeutern» zwischen Astrologie und Astronomie noch nicht unterscheiden kann und dadurch auch die heutigen Forscher auf den schlüpfrigen Boden kommen, sich mit beidem befassen zu müssen. Ganz deutlich ist das ja bereits bei Kepler. Man kann eben den Stern von Bethlehem nicht nur unter äußerlichen astronomischen Gesichtspunkten sehen und verstehen.

Am Schluß seiner Ausführungen kommt Ferrari selbst noch einmal auf das heikle Thema zu sprechen. Er erklärt, daß er neben rein astronomischen Gründen auch die astrologischen Vorstellungen der Magier habe in Betracht ziehen müssen. «Um dies als Tatsache hinzunehmen, braucht man der Astrologie durchaus keinen objektiven Wahrheitsgehalt zuzubilligen.» Aber: «Nach dem Glauben des Evangelisten war die Geburt des Kindes in Bethlehem noch unendlich viel mehr als ein ‹Jahrtausendereignis› in dem Sinne, wie die Magier die Planetenbegegnung ausgedeutet hatten. Es war in dieser Welt etwas ganz Einmaliges, außerhalb jeder wissenschaftlichen Regel. Aus dieser Perspektive verblaßt die Grenzlinie zwischen echtem und vermeintlichem Wissen des Menschen. So darf man wohl annehmen, daß eine göttliche Fügung auch an den irrenden Sternglauben der Magier anknüpfen konnte, um sie zum wahren Messias hinzuführen.» So der Wiener Professor Ferrari d'Occhieppo (S. 136). Und Werner Papke, der Altorientalist und Religionswissenschaftler, rechtfertigt sein Studium des Messiassterns mit dem Zeugnis des alten Davidpsalms und des Paulus, daß «die Himmel» die Ehre Gottes erzählen.

Papke schaut nicht auf die Planeten, sondern auf den Fixsternhimmel, auf den Tierkreis, und ist des Glaubens, daß im Sternbild der Jungfrau eine Super-Nova aufgeflammt sei. «Hier, im Schoße der Jungfrau, rund 24 Grad von der Ekliptik entfernt, brach also der Stern des Messias plötzlich strahlend hervor.» Dieser Stern blieb nicht über dem Haus stehen, «wie das die Verfechter der Planeten-Konjunktions-Hypothese gerne wollten, um in den Bibeltext den Stillstand eines Planeten hineinzulesen, obwohl auch der Stillstand eines Planeten nur bedeutet, daß der Planet an der Himmelskuppel relativ zu den Sternen scheinbar stillsteht, sich aber mitsamt den Sternen trotzdem von Osten nach Westen weiterbewegt, also niemals über einem Ort der Erde stillsteht. Vielmehr bewegte sich der ‹neue Stern› im Sternbild Coma Berenices [andere Bezeichnung für Sternbild Jungfrau] von Nordosten her in Richtung auf den Zenit von Bethlehem zu, und als die Magier vor dem Haus in Bethlehem ankamen, in dem Jesus war, da ‹stand› der Stern gerade *senkrecht* über ihnen im Zenit!» (S. 81)

Auch hier wird uns mit Überzeugung gesagt, wie das damals war (und wie es nicht war). Irgendwelche astronomischen Belege gibt es für Papkes Nova ebensowenig, wie es sie für die Nova von Kepler gegeben hat.

Papke zieht allerlei Überlieferungen und Prophetenworte heran, die aber alle nicht wirklich ins Schwarze treffen und die Nova nicht beweisen können.

Die Vorstellung Papkes als solche kommt der Idee, was der Stern von Bethlehem gewesen sein müßte, am nächsten. Es ist sozusagen eine Idealvorstellung, der prophetisch in den Himmel gesetzte irdische Vorgang: die Geburt des Messias aus dem Schoße der Jungfrau. Und genauso sieht es wohl Papke an, denn er spricht zuweilen von seinen Büchern über Gilgamesch und sieht auch dort offenbar den ganzen Inhalt dieses uralten Epos am Himmel (oder *auch* am Himmel?), denn er sagt: «Auch im Gilgamesch-Epos wandert Gilgamesch als Planet Merkur von Uruk am himmlischen Euphrat los und überquert den himmlischen Tigris … Der Eintritt des dem König Gilgamesch zugeordneten Planeten Merkur in den Regulus [bedeutender Fixstern, sogenannter Königsstern] bedeutet mithin seine Inthronisation … Der Stern Regulus wird jedenfalls schon im Gilgamesch-Epos untrennbar mit dem Thronsitz des Erlösers verbunden, den Gilgamesch in jenem Augenblick vertritt: sobald sein Planet, Merkur, in den Regulus tritt, wird Gilgamesch als Weltherrscher dargestellt» (S. 37, 42).

Aus diesem Selbstzitat des Autors kann man sehen, auf welche Art er in den Himmeln sucht. Die Fixsternwelt liegt über dem planetarischen System, dem wir zugehören, auch seine himmlische Jungfrau thront somit sehr viel höher. Sie thront im höchsten Norden (am galaktischen Nordpol) «gleichsam über dem All». Dort sei nach alten Vorstellungen der Götterberg zu suchen, «über dem sich der Thron des höchsten Gottes befindet, auch die Kanaanäer haben dieselbe Vorstellung gehabt.»

Aber um die Beweiskraft seines Gedankengebäudes ist es eben trotzdem schwach bestellt. Auch ein Satz wie der folgende stellt keinen Beweis dar:

«Da wir einen Kometen ebenso ausschließen müssen wie eine Planetenkonjunktion und auch die dreimalige Begegnung von Jupiter und Regulus die Magier nur in Alarmbereitschaft versetzt haben kann ... bleibt als einzige wissenschaftlich vertretbare Möglichkeit, daß bei der Geburt des Erlösers ein *neuer* Stern am gestirnten Himmel erschien: eine Nova, oder besser eine Supernova» (S. 47).

Sehen wir uns seine einzige wissenschaftlich vertretbare Möglichkeit noch näher an. Wie gesagt, es ist ein schönes Gedankengebäude, und man will auch glauben, daß etwas Wahres daran ist – vor allem, was die Einbeziehung der «Jungfrau» betrifft –, nur bleibt der hinzugedachte Stern eine Hypothese.

Papke ist klar, daß das Auftreten einer Nova so einmalig nicht ist. Bezeugt sind zwei offenbar sehr helle Sterne, der eine im Jahre 134 v. Chr., der andere im Jahre 1054 n. Chr., der «im Sternbild des Stieres erschien»; [diese Nova] erleuchtete die Nacht wie der volle Mond und war auch tagsüber zu sehen». Was will man demgegenüber an Besonderheit noch für den Stern von Bethlehem aufbieten?

Papke sucht nach einem speziellen Kriterium für die Messias-Nova, und es «wurde mir klar, daß es seit Jahrtausenden bereits eine und nur eine ausgezeichnete Stelle am Himmel gab, an der ein neuer Stern erscheinen mußte, damit er als Stern des Messias erkannt wurde» (S. 49).

Er führt uns zurück in das dritte Jahrtausend v. Chr., ins alte Babylonien. Blickte man zum Sternenhimmel hinauf, so folgte dem Sternbild des Löwen das Sternbild einer Jungfrau, «die den Namen ERUA besaß». Das Wort ERUA entziffert er aus den Keilschriftzeichen als «diejenige, die den Samen von Eden gebären wird», und durch den Zusatz ZARPANITUM: «welche den *männlichen* Samen gebären wird».

«Das Sternbild der Jungfrau ERUA ist demnach spätestens seit dem dritten Jahrtausend v. Chr. das himmlische Zeichen einer Jungfrau gewesen, die einen Sohn, einen männlichen Samen, gebären sollte, der bereits in Eden [d.h. im Paradiese] verheißen wurde» (S. 50).

Die Geschichte dieses Sternbilds wird weiter verfolgt – bei den Ägyptern als Isis, bei den Griechen als Parthénos, bei den Römern als Virgo, bei den Arabern als al-adra-u. Auf heutigen Sternkarten aber findet man zwischen dem Löwen und Bootes statt dessen das sogenannte «Haar der Berenike» = «Coma Berenices». Beruhend auf einer spätgriechischen Mythe wurde diese Bezeichnung im Jahre 246 v. Chr. durch Konon eingeführt.

Und nun kommt bei Papke etwas Interessantes. Er schreibt: Es könnte den Eindruck machen, die Griechen hätten von der ursprünglichen ERUA keinen blassen Schimmer mehr gehabt. Doch dieser Schein trügt. «Wir müssen nämlich wissen, daß die Griechen im Mysterienkult Begriffe prägten, die vordergründig griechisch gelesen wurden, aber verborgen der semitischen Sprache der Chaldäer entlehnt waren. So läßt sich auch ‹Plókamoi›, das griechische Wort für ‹Haar›, semitisch lesen und bedeutet dann […]: ‹der auf wunderbare Weise Gezeugte, der Ersehnte›.» Die makedonische Form von Berenike soll bedeuten, ‹der den Sieg davon trägt›, und Euergetes [so der Gemahl der Berenike: Ptolemäus Euergetes] heißt ‹Wohltäter›.

«Der erwähnte Name des Sternbildes [‹Haar der Berenike des Euergetes›] bedeutete für den Eingeweihten folglich: ‹(Dies ist das Sternbild) des auf wunderbare Weise Gezeugten, des (von allen Völkern) Ersehnten, dessen, der den Sieg davonträgt, des Wohltäters (der Menschheit)»» (S. 55).

Ob das stimmt oder ob das alles doch recht gewagte Konstruktionen sind, mag beurteilen wer es kann. Daß die himmlische Jungfrau etwas mit der durch die Zeiten gehenden Hoffnung auf einen Erlöser zu tun hat, scheint aber eine wohlbegründete Annahme zu sein. Wie erwähnt, hat Rudolf Steiner schon für die urpersische Zeit der Sternkunde zugeschrieben, daß sie den Zusammenhang der Jungfrau mit dem Sternbild der Zwillinge in dem Sinne verstand, daß einst zwei Messiasse geboren werden würden. Davon ist bei Papke natürlich keine Rede. Es handelt sich nur um die Geburt des einen Knaben, die da ergründet werden soll, und wie alle Forscher kommt er mit den Geburtsgeschichten von Lukas und Matthäus in Schwierigkeiten. Seine Berechnungen in Zusammenhang mit dem Stern führen ihn dann zu den Ergebnissen: der Täufer sei ca. 1. März 2 v. Chr. geboren, Jesus am 30. August, die Magier seien am 28./29. November angekommen. Aber damit wollen wir uns jetzt nicht weiter befassen.

Wahrnehmen wollen wir noch, daß bei Papke der Begriff der Präexistenz des Messias auftaucht, was man ja sonst (als zu kosmisch) in der Theologie nicht gerade betont. Papke meint, wenn den Magiern bewußt war, daß der neue Stern nicht erst eben und neu erschaffen wurde (und er setzt dieses Bewußtsein voraus, warum, bleibt allerdings offen), um den Erlöser anzuzeigen, sondern daß er vor seinem Erscheinen «seit Ewigkeiten schon existierte (wenn auch für das menschliche Auge nicht sichtbar), so müssen sie zwangsläufig analog geschlossen haben, daß auch der neugeborene König der Juden schon – unsichtbar – präexistent war, ehe er erschien». Papke findet für diesen Gedanken einen Gewährsmann in dem Propheten Micha, der achthundert Jahre zuvor über den Messias verkündet hatte:

Und du, Bethlehem Ephrata, das du klein unter den Tausendschaften von Juda bist, aus dir wird mir (der) hervorgehen, der Herrscher über Israel sein soll, und seine Ursprünge sind von der Urzeit, von den Tagen der Ewigkeit her (Micha 5,1).

(In alten Bibeln heißt es: «Und du Bethlehem Ephrata .... aus dir soll mir der kommen, der in Israel Herrscher sei, welches Ausgang von Anfang und von Ewigkeit her gewesen ist.) Man könnte auch an den Anfang des Johannes-Evangeliums denken, aber das wird bei Papke nicht erwähnt.

Im Ganzen kann man sagen, daß seine Ausführungen Züge tragen, die über die übliche materialistische Begrenzung hinausdeuten und neue Gesichtspunkte erschließen, daß aber das von ihm im Prolog Verkündete doch nicht eingelöst wird. Auch *sein* Stern von Bethlehem ist eine Hypothese, und seine Zeichnung, auf der er eine thronende Jungfrau mit zwei Ähren – eine in jeder Hand – darstellt (als Rekonstruktion der ERUA nach verfügbaren Quellen seit dem dritten Jahrtausend), in der genau «zwischen den Lenden» ein mächtiger Stern erstrahlt, ist zwar eindrucksvoll, aber eher eine Imagination, und sogar eine vorzügliche für die Jungfrau und das Geheimnis der zwei Jesusknaben.

Zum Abschluß

Unter dem Eindruck dieser Ausführungen und im Erinnern an Rudolf Steiners schon lange gegebenen Hinweis könnte man am Ende vielleicht sagen: Wenn wir auch den Stern von Bethlehem nicht mit Sicherheit gefunden haben, so haben wir doch die *Jungfrau* gefunden, die als kosmischer Hintergrund mit dem Messias-Stern offenbar engsten Zusammenhang hatte.

Und wir haben ganz unbeabsichtigt das Phänomen der *Suche* vor Augen, der verschiedensten Wege, die zur Lösung dieses Geheimnisses hinstreben. Wie einst Artusritter und die Ritter vom Gral sich durch viele Abenteuer und durch die Wirrnis dichter Wälder hindurchschlagen mußten (und jeder seinen individuellen Weg dabei hatte, der ihm auch ganz individuelle und eigene Erfahrungswerte einbrachte), so streben hier auf verschiedenste Weise viele Forscher zu einem gleichen Ziel. Es spielt dabei vielleicht gar keine so große Rolle, ob die Ergebnisse «richtig» sind. Die Wege werden in sich einen Wert haben – hier mehr eine materialistische Gedankenschärfung, dort die Beflügelung einer Ahnung höherer Dinge oder echte Schritte in die Sphären von Imagination und Intuition hinein. Denn daß dies alles mitspielt, von Kepler angefangen, ist ja deutlich. Und deutlich ist auch, daß «von außen», aus der äußeren Schicksalsschrift in diese Suche hineingewirkt wird – sei es durch das eigene Erlebnis einer dreifachen Konjunktion, eines Kometen oder eines Zodiakallichtes, sei es, daß beim Aufschlagen der Bibel bestimmte Worte eine Bedeutung gewinnen, die sie für andere gar nicht haben. Unser Schicksal sind wir selbst. Beides wirkt zusammen wie Punkt und Umkreis. Und so ist die Suche nach dem heiligen Stern für alle Beteiligten bis heute ein Ereignis von großer Bedeutung.

Setzen wir an den Schluß noch einmal ein Wort Rudolf Steiners, das notiert wurde bei einem Vortrag vom 24. Februar 1908:

«Der Mensch beeinflußt bewußt und unbewußt alle anderen Wesen. Wir müssen streben, immer bewußter zu werden, so können wir Sterne aufleuchten lassen. So leuchtete der Stern von Bethlehem auf, als sich die mächtige Individualität des Jesus bewußt verkörperte. Es ist ein kosmisches Ereignis, wenn solche hohe Menschen geboren werden» (GA 98).

Anmerkungen

1 (zu S. 9): Für das Datum der Kreuzigung Christi gibt es verschiedene Anhaltspunkte. Von Flavius Josephus weiß man, daß Pilatus nach zehnjähriger Amtszeit nach Rom berufen wurde. In diese zehn Jahre, die von 26 bis 36 angenommen werden, müßte das Geschehen auf Golgatha gefallen sein. Auf welches Jahr genau, darüber gehen die Meinungen auseinander.
In neuerer Zeit, wo man durch Computer wesentlich leichter und schneller Berechnungen anstellen kann, heben sich mehr und mehr die zwei auch früher schon ins Auge gefaßten Daten 7. April 30 oder 3. April 33 als in Frage kommend heraus. Nur in diesen beiden Jahren fiel innerhalb der Amtszeit des Pilatus der 14. Nisan, der Vorbereitungstag auf Passah, auf einen Freitag. 30 n. Chr., schreibt Ormond Edwards, ist «zu früh, um zwei Passahfeste vom Erscheinen des Täufers im Herbst 28 bis zur Kreuzigung Christi zu feiern. So bleibt als das einzig mögliche Jahr der Kreuzigung nur das Jahr 33 n. Chr. übrig und als Datum der dem 14. Nisan entsprechende 3. April» (S. 70).
Edwards verweist auf andere Forscher, die zum gleichen Ergebnis gekommen sind, und im Winter 1983/84 ging vielfach durch die Presse, daß die Oxford-Professoren Colin Humphrey und W.G. Waddington im britischen Wissenschaftsjournal *Nature* nach langer Forschung ihre Meinung veröffentlicht haben, daß Christus am 3. April 33 gekreuzigt worden sei.
In der Bibel werden bei Matthäus, Markus und Lukas Hinweise gegeben auf eine große Finsternis, die sich von der sechsten bis zur neunten Stunde über das Land gebreitet habe, und bei Lukas heißt es noch: «Die Sonne verlor ihren Schein» (Matthäus 27,45 / Lukas 23,45 und Markus 15,33).
Suso Vetter (Artikel in der Wochenschrift *Das Goetheanum* Nr. 14/1984) referiert dazu: «Nach der am Mittag durch Sandstürme verfinsterten Sonne, wie in fast allen Quellen erwähnt wird, sei am Abend gegen 18,20 der Mond etwa halb verfinstert im Osten aufgegangen. Der obere Teil der Mondscheibe müsse dabei in einem schwachen blutroten Lichte erschienen sein (diese Färbung tritt bei allen Mondfinsternissen auf) und einen außerordentlichen Eindruck auf die Beteiligten gemacht haben.»
Während der Regierungszeit des Pilatus gab es nur eine einzige Mondfinsternis, die von Jerusalem aus sichtbar war, eben am Freitag des Jahres 33. Zu der Finsternis, die durch Wolken oder eben Wüstenstaub-Schleier verursacht worden sein kann, kam damit noch eine teilweise, unheimlich wirkende Mondfinsternis hinzu. Solcherart sind die Argumente, welche für die Forschung auf den 3. April 33 hindeuten. Rudolf Steiner hat bereits seit 1912/13

(beim Erscheinen des Kalenders 1912/13) exakt erklärt, daß nach geisteswissenschaftlicher Forschung der 3. April 33 der Todestag Jesu Christi sei. Ja, innerhalb seiner esoterischen Lehrtätigkeit hat er noch früher davon gesprochen und zugleich einen Hinweis darauf gegeben, *warum* gerade der 3. April 33 der auserwählte Tag war, an dem die Kreuzigung stattfand. So lesen wir in einer Nachschrift vom 16.12.1911 in Berlin:

«Wenn wir den Inhalt unserer Meditation in den Mittelpunkt unseres Bewußtseins stellen, fühlen wir hineinwirken Kräfte, die ein Hemmnis bilden ... (es sind) dieselben zerstörenden Kräfte, die in der Erde wirken, die bewirken, daß unsre Erde dem Untergang geweiht ist, daß sie sich abgeschnürt hat vom Kosmos. Diese zerstörenden Kräfte haben eingesetzt in der Mitte der Atlantis und waren zur Zeit des Ereignisses von Golgatha soweit, daß sie genau die Waage hielten den aufbauenden Kräften, und zwar war dies am 3. April des dreiunddreißigsten Jahres unserer Zeitrechnung (oder am 14. Nisan der damaligen Zeitrechnung). Da brachte der Christus eine neue Kraft in die Erde und in die Menschheit hinein, die diesen zerstörenden Kräften entgegenwirkt» (*Aus den Inhalten der esoterischen Stunden II*, GA 266/II, S. 267).

2 (zu S. 16): Der in der 2. Auflage (1980) von GA 349 an Stelle dessen verwendete Begriff «in der Zeitenwende» geht nach Angabe der Rudolf Steiner Nachlaßverwaltung auf eine redaktionelle Bearbeitung zurück. In späteren Auflagen wird der von Rudolf Steiner stammende Wortlaut «im Jahre 0 geboren ist» wiederhergestellt werden. Auch bei seinen Wandtafelzeichnungen hat Rudolf Steiner die Formulierung «Jahr 0» verwendet.

3 (zu S. 35): Bei Eusebius, in der Übersetzung von August Closs, Stuttgart 1839, lautet die Stelle zwar sinngemäß gleich, aber doch in den Worten etwas anders: «Um dieselbe Zeit lebte ein gewisser Jesus, ein weiser Mann, wenn man ihn anders einen Mann nennen darf. Denn er verrichtete wunderbare Taten und war ein Lehrer solcher Menschen, welche gerne die Wahrheit hören. Er zog viele Juden, aber auch eine Menge Heiden an sich. Dieser Mann war der Messias. Er wurde zwar auf die Anklage der Vornehmsten unseres Volkes von Pilatus zum Kreuzestod verurteilt, allein diejenigen, welche ihn gleich anfangs geliebt hatten, ließen dennoch nicht von ihm ab. Denn er erschien ihnen wiederum lebendig am dritten Tage, wie dieses und andere unzählbare Wunder die göttlichen Propheten zum Voraus verkündet hatten. Und bis auf den heutigen Tag hat das Geschlecht derer, die nach ihm Christen genannt worden sind, nicht aufgehört.»

4 (zu S. 37): Nach Josephus 14. Buch, 14. Kapitel, Abs. 3 ff. war Herodes vor 37 Jahren in Rom zum König von Judäa ernannt worden. Es gab aber in Judäa bereits den König Antigonus, der von den Parthern eingesetzt worden war. Entsprechende Kämpfe zogen sich etwa drei Jahre hin bis zur Ermordung des Antigonus. Von da ab rechnen als eigentliche Herrscherzeit des Herodes die erwähnten 34 Jahre.

5 (zu S. 42): Matthäus spricht bekanntlich in Kap. 13,55 von den Brüdern des Herrn: Jakob, Joses, Simon und Judas – desgleichen Markus 6,3. Es sind die nachgeborenen Söhne der salomonischen Maria und des Joseph. Auch Schwestern werden erwähnt, aber namentlich nicht genannt.

6 (zu S. 48): Bei Matthäus 23,27 heißt es: «Weh euch, Schriftgelehrte und Pharisäer, ihr Heuchler, die ihr gleich seid wie die übertünchten Gräber, welche auswendig hübsch scheinen, aber inwendig sind sie voller Totenbeine und alles Unflats.»

7 (zu S. 51): Zum Thema Mondfinsternis sei hingewiesen auf den Zyklus: Rudolf Steiner, *Menschenfragen und Weltenantworten*, 2. Vortrag, 25. Juni 1922 (GA 213). Er nennt dort Sonnen- und Mondfinsternisse «entgegengesetzte Ventile». Mondenfinsternisse sind «dazu eingerichtet, daß zu denjenigen Menschen, die ganz besonders von bösen Gedanken besessen werden wollen, die bösen Gedanken des Weltenalls kommen können». Im Falle einer Sonnenfinsternis dagegen strömt nicht Geistiges vom Weltall ein, sondern umgekehrt, es strömt von der Erde hinaus, was «der Mensch an ungezügeltem Willen, an ungezügelten Instinkten und Trieben in sich hegt. Und die alten Eingeweihten haben ihren Schülern erklärt: Unter gewöhnlichen Verhältnissen wird dasjenige, was der schlechte Wille der Menschen hinausstrahlt in den Weltenraum, von den Sonnenstrahlen in einer gewissen Weise verbrannt, so daß es nur dem Menschen selber schadet, aber nicht im Kosmos Schaden anrichtet. Wenn aber eine Sonnenfinsternis ist, dann ist Gelegenheit dazu vorhanden, daß die Schlechtigkeit der Erde in allen Weltenhimmeln sich verbreitet.» Bei einer Mondfinsternis ist für diejenigen Menschen, «welche die Teufelsgedanken aufnehmen wollen aus dem Weltenall», Gelegenheit gegeben. So sind die beiden Finsternis-Ereignisse entgegengesetzte Ventile: bei der Sonnenfinsternis von der Erde zum Kosmos, bei der Mondfinsternis vom Kosmos zur Erde.

8 (zu S. 55): Siehe zu diesem Thema auch die entsprechenden Kapitel in Hella Krause-Zimmer: *Die zwei Jesusknaben in der bildenden Kunst*.

9 (zu S. 60): Die Bemerkung «im Jahre 6 oder 7» ist folgendermaßen zu verstehen: Da es zwei Zählungen für die Zeitenwende gibt, die eine, die um das Jahr 0 bereichert ist, die andere ohne dieses, ergibt sich die Diskrepanz von einem Jahr. Die in der Astronomie übliche Zählung sieht so aus:
... 6 / 5 / 4 / 3 / 2 / 1 /   0   / 1 / 2 / 3 / 4 ... und so fort
v. Chr.   Chr.   n. Chr.

Null ist das Jahr der Jesusgeburt(en), man könnte sagen: das Jahr des Christus. Die anderen Jahre sind vor oder nach Christus gezählt.
Bei der historischen Zählung fehlt das Mittejahr, 1 v. Chr. ist zugleich das Geburtsjahr, und ihm folgt sogleich 1 n. Chr. Dadurch wird ein Jahr eingespart, und was bei der oberen Zählung 6 v. Chr. ist, das ist bei der historischen Zählung 7 v. Chr. Deshalb liest man in der einschlägigen Literatur häufig die Doppelangabe 6/7 v. Chr.
Ein hier nicht zu besprechender Angel- und Anhaltspunkt für die Versuche

einer historischen Festlegung des Datums der lukanischen Jesusgeburt ist der Bericht von der Volkszählung. Er spielt nur bei Lukas eine Rolle, denn dadurch kommt das Elternpaar von Nazareth nach Bethlehem. Bei Matthäus ist von einer Volkszählung keine Rede.
Auch hier ist der Forschung für Meinungen und Interpretationen viel Spielraum gelassen. Das Unternehmen der Volkszählung, das die römischen Cäsaren im Orient durchführen ließen, zog sich offenbar über Jahrzehnte hin und war mit der Überwindung heftigster Widerstände in den betroffenen Ländern verbunden. Nach Stauffer *(Jesus, Gestalt und Geschichte)* ist für Palästina etwa die Zeit von 7 v. Chr. bis 7 n. Chr. anzunehmen, ein Zeitraum von knapp 14 Jahren, und dies war angesichts der Schwierigkeiten «eine respektable Leistung», nämlich des Quirinius, der vermutlich alles leitete. Wann innerhalb dieser Zeitspanne sich Joseph und Maria zur Schätzung nach Bethlehem begeben mußten, ist nirgendwo vermerkt.

10 (zu S. 65): Die große Aufmerksamkeit, die, wie wir uns meist vorstellen, einem spektakulären Aufzug der Könige gegolten haben müßte, relativiert sich, wenn man bedenkt, wie belebt von Reisenden und Karawanen Palästinas Straßen damals gewesen sind. «Das Land Palästina hatte damals, so klein es auch war, eine andere Bedeutung als heute. Es lag, geographisch gesehen, in der Mitte der damaligen Welt. Es bildete die Brücke zwischen Europa, Asien und Afrika, also den Angelpunkt der Erdteile. ‹Jerusalem ist der Mittelpunkt der bewohnbaren Welt. Es ist der Nabel der Erde›, so sagten die Juden damals von ihrer Hauptstadt.» Und Herodes schreibt an den römischen Kaiser Caligula: «Jerusalem ist die Hauptstadt nicht nur Judäas, sondern auch der meisten Länder der Welt, durch die Handelskolonien, die es zu geeigneter Zeit in die Nachbarländer aussandte» (Kühner).

11 (zu S. 67): Das Zusammentreffen von Jupiter und Regulus ereignet sich alle zwölf Jahre. Es steigerte sich in den Jahren 3/2 v. Chr. zu einer dreifachen Konjunktion. Aber diese dreifache Konjunktion war so einmalig nicht, hatte es doch in dem ganzen ersten Jahrhundert v. Chr. schon in den Jahren 98/97, 86/85 und 15/14 solche dreifachen Konjunktionen gegeben (siehe Papke, S. 43).

12 (zu S. 68): Auch Ernst Bindel erwähnte bereits Ostern 1969 in den *Mitteilungen aus der anthroposophischen Arbeit in Deutschland* Keplers «Nova». Nachdem er solch einen neuen Stern 1604 erblickt hatte, «drängte sich (ihm) aus geheimen Untergründen die Vermutung auf, daß eine solche Nova um die Zeitenwende herum der Stern von Bethlehem gewesen sein müsse ... Diese Annahme einer damaligen Nova als Folge einer vorangehenden großen Konjunktion um die Zeitenwende herum hat sich nicht aufrecht erhalten lassen, obzwar letztere im Jahre 7 vor der Zeitenwende stattfand, aber überhaupt keine Neusternbildungen in jenen Jahren gewesen sind! Hier ist also Kepler einem Irrtum unterlegen» (Bindel in seinem Artikel «Das Zusammenwirken von Johannes Kepler mit Tycho Brahe»).

13 (zu S. 69): Wie wir der erwähnten Abhandlung von Walther Bühler entnehmen können, ist der ungewöhnlich knappe Abstand von 40 Jahren, der es möglich machte, in ein und demselben Jahrhundert zweimal eine dreifache Konjunktion zu erleben, auch bei der Zeitenwende vorzufinden. Dort zwar nicht im gleichen Jahrhundert (so wie wir nach der Zeitenwende zählen), sondern eben 7 v. Chr. und dann wieder 34 n. Chr. Es wird in dieses vierzigjährige Intervall eingebettet das ganze sich vollziehende Christusereignis von kurz vor der Geburt bis knapp nach dem Kreuzestod.
Im Jahre 1981 hat sich die Schrift des Sternenhimmels, welche die Konjunktion des Jahres 7 v. Chr. begleitete, insofern gespiegelt, als die entsprechenden Tierkreisorte zwar die gleichen, aber polar angeordnet sind: 7 v. Chr. stand die Sonne in der Jungfrau und die Konjunktion ereignete sich in den Fischen. 1981 stand die Sonne in den Fischen und die Konjunktion fand im Sternbild der Jungfrau statt. Es kann naheliegen, an das Wiedererscheinen des Christus in den «Wolken» zu denken, das nicht irdische, sondern ätherische Verleiblichung meint und dessen Beginn Rudolf Steiner in das zwanzigste Jahrhundert setzt.
(Da wir selbst Zeuge des Ereignisses von 1981 sein konnten, will ich als Beispiel mein eigenes Erlebnis kurz notieren. Vielleicht haben viele Leser noch ausführlichere Erinnerungen. Es war ja doch eine ziemlich große Spannung, mit der man die Saturn-Jupiter-Begegnung erwartete, und es war die Parallele zum Jahre 7 v. Chr. bekannt. Den «Stern von Bethlehem» würde man nun angeblich wieder sehen. Dazu kam, daß die erste Konjunktion in einer besonderen Nacht zu erwarten war: in der Silvesternacht 1980 auf 1981. Da die Prächtigkeit des aus zwei Sternen gebildeten «Sterns» im Hinblick auf die Bibel mächtig aufgebauscht war (er sollte ja so hell leuchten, daß er am Tage von der Sonne nicht überstrahlt werden konnte, so daß die Könige ihm nachzuziehen vermochten), wollten viele das unbedingt sehen. Etwa am 26. schaute ich nachts zum Himmel und sah zwei Sterne direkt unter dem Halbmond. Ich bestaunte die auffällige Himmelsfigur, ohne an Jupiter und Saturn zu denken. Man starrte so gebannt auf den 31.12., als ob die Sterne dort neu erfunden würden und nicht auch schon vorher da sein und sich aufeinander zubewegen könnten. Am 30. Dezember begab ich mich nachts um halb vier auf einen östlichen Balkon und sah zwei Sterne, der eine ausgesprochen hell, der andere weniger hell. Mit Fernglas sah ich noch einen dritten Stern. Jemand sagte mir am nächsten Tag, der sei aus dem Gürtel der Jungfrau und habe mit der Konjunktion nichts zu tun.
Sie zogen von Osten her am südlichen Himmel auf, während der Mond wie eine große Laterne – stark verdeckt von den Zweigen einer Tanne – eben hervorzukommen begann.
Um halb fünf waren die Sterne höher gestiegen, der Mond zog in einiger Entfernung nach. Ich dachte: Wenn die zwei bis morgen abend zusammenkommen wollen, müssen sie sich aber beeilen.
Dann kam die Silvesternacht, um halb elf war noch nichts zu sehen. Um halb

drei war alles verwölkt. Man sah keine Sterne. Wieder ging ich auf den Ostbalkon, hoffend, daß es sich klären würde. Da und dort wurde ein einzelner Stern freigegeben, aber die Konjunktion zeigte sich nicht, obgleich sie doch längst über dem Horizont sein mußte.

Ich wartete. Es war dunkel und ganz still. Plötzlich erspähte ich zwischen den Zweigen der mächtigen Tanne ein sehr helles Blinken. In einem Zweigzwischenraum konnte ich einen Stern erblicken. Ich hoffte, ihn in einer Stunde besser zu sehen. Vergeblich. Später setzte Regen ein, begleitet von kurzen Stößen eines winterlichen Föhnsturms.

Das machte allerlei Gedanken: Wir haben ihn vorgeführt bekommen, den angeblichen Stern von Bethlehem, aber besonders spektakulär war er nicht. Und nachdem – wie ich gesehen hatte – in der Nacht zuvor die Planeten noch recht weit auseinanderstanden, würden sie in der Nacht danach doch auch schon wieder auseinander stehen. Das heißt, die sogenannte Überdeckung, die ihn wie *ein* Stern erscheinen lassen könnte, gilt bestenfalls für eine Nacht!)

14 (zu S. 73): Über das Zodiakallicht (Zodiak = Tierkreis) sagt das Lexikon, es sei ein kegelförmiger Lichtstreifen, der besonders gut zu den Zeiten der Tagundnachtgleiche, im Frühling am westlichen Himmel nach Sonnenuntergang, im Herbst am östlichen Himmel vor Sonnenaufgang, sichtbar ist. Es entsteht wahrscheinlich durch kosmische Staubmassen, die das Sonnenlicht zerstreuen.

Ferrari selbst beschreibt das Zodiakallicht ähnlich wie das Lexikon und fügt hinzu, daß seine hellsten Stellen den glänzendsten Milchstraßenwolken etwa gleichkommen. Es ist also ein zartes und diffuses Licht, dessen hellste Partien sich für den Beobachter stets nahe des Horizontes befinden. Er fügt hinzu, daß unter den gegenwärtig in Europa herrschenden Verhältnissen das zarte Licht sich kaum je von dem verschmutzten Himmelsgrund abheben kann.

15 (zu S. 79): Dieser Text aus dem Buch *Die Biene* des Mar Salomon aus dem 13. Jahrhundert erscheint bereits im 8. Jahrhundert bei dem syrischen Autor Theodor bar Konai in seinem *Buch der Scholien*, nur sind die Namen der drei Jünger in offenbar anderer Sprache wiedergegeben. Sie lauten hier: Vishtaspa (statt Gush nasaph), Saena (statt Sasan) und Medyomah (statt Mahimed). Ausführliches Zitat siehe Welburn 1995, S. 233.

16 (zu S. 84): Chrysostomus – das heißt: Goldmund – war einer der berühmtesten Kirchenlehrer, um 345 in Antiochia geboren und 407 in Komana (Pontus) gestorben. Gilt auch als Heiliger, sein Tag ist der 27. Januar; in der östlichen Kirche der 13. November.

17 (zu S. 89): Der Begriff «Weltenberg» mag von der Auffassung herstammen, die im Orient tradiert wurde, daß die Erde wie ein hohler Berg aus der Urflut herausrage.

18 (zu S. 89): Dazu sei kurz noch ein anderes Thema berührt. Sehr oft zeigen europäische Krippendarstellungen bei der lukanischen Geburt (die meist von Engeln umwoben wird) zugleich auch den Stern. Das beruht sicher in vielen

Fällen auf der Vermischung der zwei Geburtsgeschichten. Es kann aber auch – das ist eine Frage der Kunstwissenschaft – eine Hindeutung auf den Stern des Bileam sein und damit eben auf die Erfüllung dieser ersten heidnischen Prophezeiung in der Bibel. Auch Bileam selbst soll manchmal dargestellt sein, ein solches Bild aber habe ich nirgendwo gefunden.

19 (zu S. 113): *Confessio Fraternitatis,* oder Bekanntnuß der löblichen Bruderschafft des hochgeehrten Rosen Creutzes an die Gelehrten Europae geschrieben.

20 (zu S. 114): Den ersten der Vorträge über Christian Rosenkreutz und seine Inkarnationen hielt Rudolf Steiner am 4. November 1904 in Berlin.

Literaturverzeichnis

Altes und Neues Testament in der Übersetzung von Martin Luther
Allegro, John M.: Die Botschaft vom Toten Meer. Frankfurt am Main 1957.
Ben-Chorin, Schalom: Paulus. Der Völkerapostel in jüdischer Sicht. München 1970.
Bindel, Ernst: «Das Zusammenwirken von Johannes Kepler mit Tycho Brahe». In: *Mitteilungen aus der anthroposophischen Arbeit in Deutschland*, Ostern 1969.
Bock, Emil: Cäsaren und Apostel. Stuttgart 1978.
– : Kindheit und Jugend Jesu. Beiträge zur Geistesgeschichte der Menschheit. Stuttgart 1980.
Bühler, Walther: Der Stern der Weisen. Vom Rhythmus der Großen Konjunktion Saturn-Jupiter. Stuttgart 1983.
– : Die Sternenschrift unseres Jahrhunderts. Stuttgart 1962.
Dupont-Sommer, André: Die Essenischen Schriften vom Toten Meer. Tübingen 1960.
Edwards, Ormond: Chronologie des Lebens Jesu und das Zeitgeheimnis der drei Jahre. Stuttgart 1978.
Eusebius: Kirchengeschichte. Übersetzung August Closs. Stuttgart: Brodhag'sche Buchhandlung 1839.
Ferrari d'Occhieppo, Konradin: Der Stern von Bethlehem in astronomischer Sicht. Legende oder Tatsache? 2., erweiterte Auflage. Gießen 1994.
Flusser, David: Jesus. Reinbek bei Hamburg 1968.
Heliand. Übersetzung aus dem Altsächsischen von Felix Genzmer. Stuttgart (Reclam).
Flavius Josephus: Jüdische Altertümer. Wiesbaden o. J.
Krause-Zimmer, Hella: Die zwei Jesusknaben in der bildenden Kunst. 3., neu durchges. u. erw. Auflage, Stuttgart 1986.
Kühner, Otto Heinrich: Das Jahr Null und die Bibel. München 1962.
Legenda aurea. Aus dem Lateinischen übersetzt von Richard Benz. Heidelberg 1984.
Michaelis, Wilhelm: Die Apokryphen zum Neuen Testament. Mit Protevangelium des Jacobus. Bremen 1956.
Müller, Rudolf: Das Evangelium des vollkommenen Lebens. Ein ursprüngliches und vollständiges Evangelium, aus dem aramäischen Urtext übersetzt. In Englisch herausgegeben von Rev. G.J. Ouseley. Deutsche Ausgabe mit einem Vor- und Nachwort und Kommentaren versehen von Rudolf Müller. Bern 1952.

Im Vorwort werden Wilhelm Nestlé (Einführung in die Textkritik des griechischen Testaments) und Detlef Nielsen zitiert.

Papke, Werner: Das Zeichen des Messias. Ein Wissenschaftler identifiziert den Stern von Bethlehem. Bielefeld 1995.

Stauffer, Ethelbert: Die Botschaft Jesu damals und heute. Bern und München 1959.

– : Jerusalem und Rom im Zeitalter Jesu Christi. Bern 1958.

– : Jesus. Gestalt und Geschichte. Bern 1957.

Steiner, Rudolf: Gesamtausgabe (= GA). Rudolf Steiner Verlag, Dornach / Schweiz.

- Das Dreikönigsfest. Hörernotizen von einem Vortrag Berlin, 30. Dezember 1904. Enthalten in: Beiträge zur Rudolf Steiner Gesamtausgabe, Heft 60, Weihnachten 1977.

GA 93 Die Tempellegende und die Goldene Legende als symbolischer Ausdruck vergangener und zukünftiger Entwickelungsgeheimnisse des Menschen. Zwanzig Vorträge gehalten in Berlin zwischen dem 23. Mai 1904 und dem 2. Januar 1906. 3. Auflage 1991.
Vortrag vom 4. November 1904.

GA 98 Natur- und Geistwesen – ihr Wirken in unserer sichtbaren Welt. Achtzehn Einzelvorträge zwischen dem 5. November 1907 und dem 14. Juni 1908. 1. Auflage 1983.
Vorträge vom 25. Dezember 1907 und 24. Februar 1908.

GA 114 Das Lukas-Evangelium. Zehn Vorträge, Basel 15. bis 26. September 1909. 7. Auflage 1977.

GA 117 Die tieferen Geheimnisse des Menschheitswerdens im Lichte der Evangelien. Zwölf Einzelvorträge zwischen dem 11. Oktober und 26. Dezember 1909 in verschiedenen Städten. 2. Auflage 1986.
Vortrag vom 14. 11. 1909.

GA 123 Das Matthäus-Evangelium. Zwölf Vorträge, Bern 1. bis 12. September 1910. 7. Auflage 1988.
Vorträge vom 6. September und 12. September 1910.

GA 124 Exkurse in das Gebiet des Markus-Evangeliums. Dreizehn Vorträge, gehalten in Berlin, München, Hannover und Koblenz vom 17. Oktober 1910 bis 10. Juni 1911 und eine Fragenbeantwortung vom 18. Dezember 1910. 3. Auflage 1963.
Vortrag vom 19. Dezember 1910.

GA 127 Die Mission der neuen Geistesoffenbarung. Sechzehn Einzelvorträge zwischen dem 5. Januar und 26. Dezember 1911 in verschiedenen Städten. 2. Auflage 1989.
Vortrag vom 5. Juni 1911.

GA 130 Das esoterische Christentum und die geistige Führung der Menschheit. Dreiundzwanzig Einzelvorträge aus den Jahren 1911 und 1912, gehalten in verschiedenen Städten. 3. Auflage 1977.
Vortrag vom 18. Dezember 1912.

GA 137 Der Mensch im Lichte von Okkultismus, Theosophie und Philosophie. Zehn Vorträge, Kristiania (Oslo) 2. bis 12. Juni 1912. 5. Auflage 1993.
Vortrag vom 12. Juni 1912.

GA 140 Okkulte Untersuchungen über das Leben zwischen Tod und neuer Geburt. Zwanzig Einzelvorträge, gehalten 1912 und 1913 in verschiedenen Städten. 3. Auflage 1980.
Vortrag vom 17. Februar 1913.

GA 141 Das Leben zwischen dem Tode und der neuen Geburt im Verhältnis zu den kosmischen Tatsachen. Zehn Vorträge, Berlin 5. November 1912 bis 1. April 1913. 4. Auflage 1983.
Vortrag vom 22. Dezember 1912.

GA 142 Die Bhagavad Gita und die Paulusbriefe. Fünf Vorträge, Köln 28. bis 31. Dezember 1912, 1. Januar 1913. 4. Auflage 1982.
Vortrag vom 1. Januar 1913.

GA 202 Die Brücke zwischen der Weltgeistigkeit und dem Physischen des Menschen. Die Suche nach der neuen Isis, der göttlichen Sophia. Sechzehn Vorträge, Dornach 26. November bis 26. Dezember 1920, Bern 14., Basel 23. Dezember 1920. 2. Auflage 1980.
Vorträge vom 23. und 25. Dezember 1920

GA 203 Die Verantwortung des Menschen für die Weltentwickelung durch seinen geistigen Zusammenhang mit dem Erdplaneten und der Sternenwelt. Achtzehn Vorträge in Stuttgart, Dornach und Den Haag zwischen dem 1. Januar und 1. April 1921. 1. Auflage 1978.
Vortrag vom 1. Januar 1921.

GA 223 Der Jahreskreislauf als Atmungsvorgang der Erde und die vier großen Festeszeiten. Die Anthroposophie und das menschliche Gemüt. Neun Vorträge, Dornach 31. März bis 8. April, Wien 27. September bis 1. Oktober 1923. 7. Auflage 1990.
Vorträge vom 31. März und 1. April 1923.

GA 236 Esoterische Betrachtungen karmischer Zusammenhänge. 2. Band. Siebzehn Vorträge, Dornach 6. April bis 29. Juni 1924. 4. Auflage 1972.
Vortrag vom 4. Juni 1924.

GA 266 Aus den Inhalten der esoterischen Stunden. Gedächtnisaufzeichnungen von Teilnehmern. Band II: 1910 – 1912.

GA 292 Kunstgeschichte als Abbild innerer geistiger Impulse. Dreizehn Lichtbildervorträge in Dornach zwischen dem 8. Oktober 1916 und dem 29. Oktober 1917. 2. Auflage 1981.
Weihnachtsmotive aus mehreren Jahrhunderten: Geburt des Christus Jesus – Anbetung der Hirten – Anbetung der Könige. Flucht nach Ägypten – Lichtbildervortrag vom 2. Januar 1917 in Dornach.

GA 349 Vom Leben des Menschen und der Erde. Über das Wesen des Christentums. Dreizehn Vorträge, Dornach 17. Februar bis 9. Mai 1923. 1. Auflage 1961.

Frühere Einzelausgabe: Vier Vorträge über das Wesen des Christentums. Dornach 1945.
Vorträge vom 21. April 1923 und 7. Mai 1923.

Vetter, Suso: «Der Tod des Herodes und der Stern von Bethlehem». In: *Das Goetheanum*, 60. Jg. (1981) Nr. 2.

– : «Johannes Kepler und der Stern der Weisen». In: *Das Goetheanum*, 61. Jg. (1982) Nr. 3.

– : «Zum Stern von Bethlehem und zum Todesdatum Jesu Christi». In: *Das Goetheanum*, 63. Jg. (1984) Nr. 14.

Vreede, Elisabeth: Anthroposophie und Astronomie. Freiburg 1954.

Welburn, Andrew: Das Buch mit vierzehn Siegeln: Zarathustra und die Christus-Offenbarung. Aus dem Englischen von Klaus Pemsel. Stuttgart 1995.

Weymann, Elsbeth: Zepter und Stern. Die Erwartung von zwei Messiasgestalten in den Schriftrollen von Qumran. Stuttgart 1993.

Bücher von Hella Krause-Zimmer

Die zwei Jesusknaben in der bildenden Kunst

*3., völlig neu bearbeitete und wesentlich erweiterte Auflage
328 Seiten Text, 122 Abbildungen auf Kunstdrucktafeln, Leinen*

Das Vorhandensein von zwei Jesusknaben erscheint uns heute, mit dem Bewußtsein des 20. Jahrhunderts, unglaublich. Solchem Gedankengang widersetzt sich das Individualitätsgefühl unserer Zeit. Wir müssen aber für das hier in Frage stehende Geschehen ganz andere Maßstäbe anlegen und völlig andere Denkkategorien aktivieren.
Die bekannten zahlreichen Unstimmigkeiten zwischen Lukas- und Matthäus-Evangelium lösen sich, sobald man zwei verschiedene Geburtsgeschichten vorstellt und nicht die Geburt ein und desselben Kindes. Schon 1909–1911 wies Rudolf Steiner in seinen Vortragszyklen auf die Doppelheit der Jesusknaben hin. Die Qumrantexte bestätigen diese erstaunliche Tatsache, indem sie mit aller Deutlichkeit eine doppelte Messiaserwartung bezeugen, die auf einen priesterlichen und einen königlichen Messias.
Die Autorin hat innerhalb der alten Malerei eine Fülle von Bildern zu diesem Thema entdeckt und legt sie mit genauen kunsthistorischen Feststellungen und den Betrachter in die Kompositionsgeheimnisse einführenden Bildbeschreibungen vor.

VERLAG FREIES GEISTESLEBEN

Bücher von Hella Krause-Zimmer

Erdenkind und Weltenlicht

*Spirituelle Motive in Weihnachtsdarstellungen.
2. Auflage, 107 Seiten mit zahlreichen,
z. T. farbigen Abbildungen, gebunden*

«Hella Krause-Zimmer schlägt eine Brücke von dem Erdenkind zu dem kosmischen Sonnenlicht, von der Stall- oder Höhlengeburt zu dem Logos. Sie knüpft dabei an uralte Mysterienströmungen der Menschheitsgeschichte an. Wer einmal den Bildband in die Hand genommen hat, wird weiterlesen wollen. Eine Tür zu einer anderen Kunstbetrachtung kann aufgestoßen werden.» *Heidenheimer Neue Presse*

Kreuz und Auferstehung

*Mysterienspuren in Passions- und Osterbildnissen.
150 Seiten mit vielen Farb- und Schwarzweiß-
Abbildungen, gebunden.*

«Ein lohnendes Buch für jeden, der lernen will, das Sehen zum Schauen umzuwandeln.» *Barbara Denjean-von Stryk / Erziehungskunst*

«Krause-Zimmer besitzt die sprachliche Fähigkeit, jeweils auf den okkulten Zusammenhang hinzuweisen, so daß es im Verlauf des Buches zu einer schrittweisen Erschließung des geistig verstandenen Ostergeschehens kommt.» *Dorothea Rapp / Die Drei*

VERLAG FREIES GEISTESLEBEN

Bücher von Hella Krause-Zimmer

Bernward von Hildesheim

*Der Impuls Mitteleuropas.
274 Seiten mit 50 schwarzweißen und
farbigen Abbildungen, Leinen*

«Wieder analysiert die Autorin getreu jede Einzelheit und gibt dem Leser eine anschauliche Hilfe, wenn sie Legende und Historizität sorgsam überdenkt und auch geschichtliche Ereignisse in ihren Bericht miteinbezieht. An den Schluß gestellt wird von ihr die umfassende Erklärung der Bronzetüren des Hildesheimer Doms und der Bernwardssäule (wieder sind zahlreiche Abbildungen, auch Details, sorgsam neben den Bericht gestellt.» *Erbe und Auftrag
(Benediktinische Monatsschrift)*

«Hella Krause-Zimmer geht dem Leben und Werk dieses imponierend schöpferischen Mannes nach, und sie führt die Betrachtungen weiter auf den ‹Impuls Mitteleuropas›. Dies ist aus anthroposophisch-christlicher Sicht verfaßt und hebt daher bedenkenswerte neue Momente hervor. *Hamburger Abendblatt*

VERLAG FREIES GEISTESLEBEN

Bücher von Hella Krause-Zimmer

In der Mitte der Mensch

*Offenbarungen und Geheimnisse in der Kunst.
Falter 20. 125 Seiten mit farbigen
und schwarzweißen Abbildungen,
gebunden mit Schutzumschlag.*

«Große Kunst vergegenwärtigt, ja provoziert von jeher in ihrem tiefsten Sinn den fortlaufenden Entwurf der Menschwerdung. In imaginativen Bildern – in Gemälden, Plastiken, Sprachwerken alter und neuerer Zeit – finden wir diesen Prozeß der Menschenbildung vor unsere Augen gestellt; richtungweisend, bildnerisch vorausahnend und bewußtseinsbildend ...

Für einen Kunstfreund, der im Kunstwerk wieder solche Ausblicke erleben will, ist das Buch ‹In der Mitte der Mensch› von Hella Krause-Zimmer, das diese genannte Spur in der Kunstgeschichte verfolgt, ein Hochgenuß.» *Dorothea Rapp / Das Goetheanum*

VERLAG FREIES GEISTESLEBEN

Bücher von Hella Krause-Zimmer

Warum haben Engel Flügel?

Falter 16. 96 Seiten mit farbigen und schwarzweißen Abbildungen, gebunden mit Schutzumschlag.

Für die spirituell gesinnten Menschen früherer Zeiten waren die Engel noch eine Realität. Mit der Entwicklung der Selbständigkeit im Denken hat sich das Bewußtsein von höheren Wesen zunächst verdunkelt. Heute kann der einzelne ein neues Verhältnis zu den Geistwesen entwickeln.

Hella Krause-Zimmers Betrachtung der Engeldarstellungen in der Malerei vom frühen Mittelalter bis in unsere Zeit läßt diesen Weg von einer gleichsam angeborenen Fähigkeit, Übersinnliches zu schauen, über ihren allmählichen Verlust bis zu den Anfängen einer neuen, individuell begründeten Imagination vor Augen treten.

«Von Formen, Farben und Gesten her werden wir immer tiefer in die himmlischen Welten geführt, aus denen die Engel zu uns kommen, und wir beginnen etwas von den Gesetzen dieser Welt zu erfahren, die anders als unsere irdischen Gesetze sind und die zu lernen lebensentscheidend sein kann.» *Sybille Alexander / Erziehungskunst*

VERLAG FREIES GEISTESLEBEN

Bücher von Hella Krause-Zimmer

Hroswitha von Gandersheim

Eine Karmastudie.
140 Seiten, kartoniert.

Was verbindet Plato mit Hroswitha von Gandersheim und dem Germanisten Karl Julius Schröer? Dieser Frage geht Hella Krause-Zimmer in ihrem Buch nach, wobei die «Nonne von Gandersheim» in den Mittelpunkt gestellt wird.

Aus der Vergegenwärtigung des Lebens im Stift Gandersheim, welches große Bedeutung für das Herrscherhaus der Ottonen hatte, und aus den Werken der Hroswitha (dem Ottolied, den Legenden und Dramen) entsteht Stück um Stück das Bild einer Persönlichkeit, die in einer wichtigen Phase der Geschichte an einem zentralen Ort ihre Wirksamkeit entfaltete.

VERLAG FREIES GEISTESLEBEN